O Princípio da
Proibição do Retrocesso Social

UMA ANÁLISE A PARTIR DOS PRESSUPOSTOS DA HERMENÊUTICA FILOSÓFICA

0319

C232p   Conto, Mario De

O princípio da proibição do retrocesso social: uma análise a partir dos pressupostos da hermenêutica filosófica / Mário De Conto. – Porto Alegre: Livraria do Advogado Editora, 2008.

151 p.; 23 cm.

ISBN 978-85-7348-541-7

1. Direito constitucional. 2. Princípio constitucional. 3. Direitos e garantias individuais. 4. Hermenêutica. I. Título.

CDU – 342

Índices para o catálogo sistemático:

Hermenêutica	340.132
Direito constitucional	342
Princípio constitucional	342
Direitos e garantias individuais	342.72

(Bibliotecária responsável: Marta Roberto, CRB-10/652)

Mário De Conto

O Princípio da Proibição do Retrocesso Social

UMA ANÁLISE A PARTIR DOS PRESSUPOSTOS DA HERMENÊUTICA FILOSÓFICA

livraria
DO ADVOGADO
editora

Porto Alegre, 2008

© Mário De Conto, 2008

Capa, projeto gráfico e diagramação
Livraria do Advogado Editora

Revisão
Rosane Marques Borba

Direitos desta edição reservados por
Livraria do Advogado Editora Ltda.
Rua Riachuelo, 1338
90010-273 Porto Alegre RS
Fone/fax: 0800-51-7522
editora@livrariadoadvogado.com.br
www.doadvogado.com.br

Impresso no Brasil / Printed in Brazil

Agradecimento

Nesse momento de recordações, remeto-me à "semântica poética" de Eduardo Galeano, para quem recordar vem "del latín re-cordis, volver a pasar por el corazón". De fato, por estas sendas que nos levam os sentimentos, recordo-me, em primeiro lugar, de agradecer a Deus, pela minha família e amigos, cujo rol felizmente seria impossível de ser transcrito nesse espaço. Aos meus grandes amigos, no eixo Rio de Janeiro, Passo Fundo e Porto Alegre, irmãos de ontem, hoje e sempre, meu mais sincero agradecimento.

Dedico esse livro à memória de meu pai,
presente na ausência. Sempre.

O ESTADO DEMOCRÁTICO DE DIREITO
E O COMPROMISSO COM O FUTURO:
à guisa de prefácio

A compreensão acerca do significado do constitucionalismo contemporâneo, entendido como o constitucionalismo do Estado Democrático de Direito, a toda evidência implica a necessária compreensão da relação existente entre constituição e jurisdição constitucional. Nesse sentido, a ilustrativa assertiva de Werner Kägi, já em 1945: *Sage mir Deine Einstellung zur Verfassungsgerichtsbarkeit und ich sage Dir, man für einen Verfassungsbegriff Du hast.*

Isto significa afirmar que, enquanto a Constituição é o fundamento de validade (superior) do ordenamento e consubstanciadora da própria atividade político-estatal, a jurisdição constitucional passa a ser a condição de possibilidade do Estado Democrático de Direito, mormente se o compreendermos a partir das especificidades da política e do direito ocorridas a partir do segundo pós-guerra.

Portanto, o significado de Constituição depende do processo hermenêutico que desvendará o conteúdo do seu texto, a partir dos novos paradigmas exsurgentes, que envolvem a produção democrática do direito (veja-se o acerto de Habermas ao tratar da co-originariedade entre direito e moral), da doutrina e da jurisprudência dos tribunais encarregados da justiça constitucional. Com isso, conceitos como soberania popular, separação de poderes e maiorias parlamentárias cedem lugar à legitimidade constitucional, instituidora de um constituir da sociedade. Isto porque não é possível tratar do assunto sem levar em conta as respectivas rupturas paradigmáticas ocorridas no século XX: do modelo de constituição formal, no interior da qual o direito assumia um papel de ordenação, passa-se à revalorização do direito, que passa a ter um papel de transformação da sociedade, superando, inclusive, o modelo do Estado Social.

No Brasil, os principais componentes do Estado Democrático de Direito, nascidos do processo constituinte de 1986-88, ainda estão no aguardo de sua implementação. Velhos paradigmas de direito provocam desvios na compreensão do sentido de Constituição e do papel da jurisdição constitucional. Antigas teorias acerca da Constituição e da legislação ainda povoam o imaginário dos juristas, a partir da divisão entre "jurisdição constitucional" e "jurisdição ordinária", entre "constitucionalidade" e "legalidade", como se fossem mundos distintos, separáveis metafisicamente. Tais cisões decorrem daquilo que na fenomenologia hermenêutica venho denominando, em meus *Hermenêutica Jurídica e(m) Crise* (Livraria do Advogado, 7ª ed.) e *Verdade e Consenso* (Lumens Juris, 2ª ed.) de "esquecimento da diferença ontológica" na jurisdição constitucional.

Esses dualismos denunciam, em certa medida, o modelo frágil de jurisdição constitucional que praticamos no Brasil, o que inexoravelmente redunda em um conceito frágil acerca da Constituição, fenômeno que não é difícil de constatar a partir de uma análise acerca do grau de (in)efetividade do texto constitucional em vigor. Essa é a questão contida no alerta de *Werner Kägi*: diz-me o que entendes por jurisdição constitucional e eu te direi o que pensas da Constituição!

É por demais evidente que se pode caracterizar a Constituição brasileira de 1988 como uma "Constituição social, dirigente e compromissória", alinhando-se com as Constituições européias do segundo pós-guerra. Mas, isso basta? Os textos constitucionais são plenipotenciários, "produzindo" eficacialidades? Parece que esse é o espaço que deve ser ocupado pelo Estado (e consequentemente pela Teoria do Estado, que deve estar lado a lado com a Teoria da Constituição). *Não há Constituição sem Estado*. Do mesmo modo, não há Teoria da Constituição sem Teoria do Estado.

Daí que a eficácia das normas constitucionais exige um redimensionamento do papel do jurista e do Poder Judiciário (em especial da Justiça Constitucional) nesse complexo jogo de forças, na medida em que se coloca o seguinte paradoxo: uma Constituição rica em direitos (individuais, coletivos e sociais) e uma prática jurídico-judiciária que, reiteradamente, (só)nega a aplicação de tais direitos.

Sendo a Constituição brasileira, pois, uma Constituição social, dirigente e compromissória – conforme o conceito que a tradição (autêntica) nos legou –, é absolutamente possível afirmar que o seu conteúdo está voltado/dirigido para o resgate das promessas (incumpridas) da modernidade ("promessas" entendidas como "direitos insculpidos em textos jurídicos produzidos democraticamente).

Daí que o direito, enquanto legado da modernidade – até porque temos (formalmente) uma Constituição democrática – deve ser visto, hoje, *como um campo necessário de luta para implantação das promessas modernas (igualdade, justiça social, respeito aos direitos fundamentais, etc.).* Desse modo, levando em conta a relevante circunstância de que o direito adquire foros de maioridade nessa quadra da história, de pronto deve ficar claro que não se pode confundir direito positivo com positivismo, dogmática jurídica com dogmatismo, e, tampouco se pode cair no erro de opor a crítica (ou "o" discurso crítico) à dogmática jurídica.

Vem a calhar também a oportuna lembrança de Jorge Miranda, para quem o Direito Público passou por uma revolução *copernicana,* ou seja, a passagem de uma fase em que as normas constitucionais dependiam da *interpositio legislatori* a uma fase em que se aplicam (ou são suscetíveis de se aplicar) diretamente nas situações de vida – não resultou só em mudanças do regime político ou da idéia de Constituição. Resultou, sobretudo, no aparecimento de uma justiça constitucional, como tal estruturada e legitimada. Por isso, assevera o mestre português, não bastam proclamações como as do art. 1º, nº 3, da Lei Fundamental da Alemanha, do art. 18º da Constituição de Portugal, do art. 53º, nº 1, da Constituição da Espanha ou do art. 5º, § 1º, da Constituição brasileira para assegurar a força normativa dos preceitos constitucionais. Sem a justiça constitucional, o princípio da constitucionalidade fica sem tradução prática.

Veja-se que a importância do controle de constitucionalidade, que pode representar a revogação de toda legislação anterior incompatível com o novo texto constitucional e sua principiologia. Claro que não se está defendendo uma simplista judicialização da política. Tampouco se advoga a tese de que o Poder Judiciário venha a se substituir aos demais poderes e "realizar" políticas públicas. Entretanto – e busco aqui as palavras absolutamente insuspeitas de um autor como Martonio Barreto Lima, avesso a qualquer intervencionismo justicional – parece inadmissível não valorizar o papel do controle de constitucionalidade, até mesmo de atos de governo, nesta quadra da história, quando assevera que "a sobrevivência de uma constituição dirigente depende também do convencimento da sociedade de que esta constituição ainda vigora e que sua simbologia referencial não foi esquecida. Naturalmente que o raio de uma tal ação política inclui instrumentos da sociedade – intelectuais, partidos políticos por exemplo – mas também engloba setores do próprio Estado, nas mãos de um governo sinceramente comprometido com a manutenção da idéia constituinte, com os poderes Legislativo e Judiciário, *especialmente se se dispõe de uma Corte controladora da constitucionalidade das medidas de governo.*"

É nesse contexto que se insere – e deve ser lido – o livro *O Princípio da Proibição de Retrocesso Social: uma análise a partir dos pressupostos da hermeneutica filosófica*, do jurista *Mário De Conto*. A Constituição – e o constitucionalismo que a instituiu –, resgata as promessas incumpridas da modernidade. Portanto, trata-se de um texto com uma conteudística que aponta para o futuro, fulcrado nos dois teoremas que sustentas o novo paradigma do direito: o respeito à democracia e a realização dos direitos fundamentais. Por isso, é lapidar a decisão proferida no Ac. 34/84, pelo Tribunal Constitucional Português, que serve de ponto de partida para as profundas reflexões desenvolvidas por De Conto, e que, de igual modo, constitui-se em marco nessa difícil arrancada rumo à efetivação dos direitos constitucionais:

> (...) a partir do momento em que o Estado cumpre (total ou parcialmente) as tarefas constitucionalmente impostas para realizar um direito social, o respeito constitucional deste deixa de consistir (ou deixa de consistir apenas) numa obrigação positiva, para se transformar ou passar também a ser uma obrigação negativa. O Estado, que estava obrigado a atuar para dar satisfação ao direito social, passa a estar obrigado a abster-se de atentar contra a realização dada ao direito social.

Mas o livro de Mário de Conto tem muito mais, pois parte da matriz teórica da hermenêutica filosófica, fazendo com que a faticidade e o mundo prático penetrem nas entranhas do direito, trazendo à lume aquilo que deve ser a preocupação do jurista: *o constituir da Constituição.* Inegavelmente, nestes duros tempos de neo-constitucionalismo e de crescimento das posturas ainda atreladas, de um lado, às teses normativistas-objetivistas e, de outro, às posturas pragmatistas-subjetivistas, crescem em importância as análises que privilegiam o acentuado grau de autonomia que o direito alcançou nas últimas décadas. Mais do que sustentáculo do Estado Democrático de Direito, a preservação da autonomia conquistada pelo direito é a sua própria condição de possibilidade. Ou seja, o direito exsurgido do paradigma do Estado Democrático de Direito (forjado a partir do segundo pós-guerra) deve ser compreendido no contexto de uma crescente autonomização, alcançada diante dos fracassos da falta de controle da e sobre a política.

E a Constituição, nos moldes construídos no interior daquilo que denominamos de constitucionalismo social e compromissório é, assim, a manifestação desse grau de autonomia do direito, devendo ser entendido como a sua dimensão autônoma face às outras dimensões com ele intercambiáveis, como, por exemplo, a política, a economia e a moral. Essa autonomização dá-se no contexto histórico do século XX, tendo atingido o seu auge com a elaboração das Constituições do segundo pós-guerra.

Trata-se de uma autonomia entendida como ordem de validade, representada pela força normativa de um direito produzido democraticamente e que institucionaliza (ess)as outras dimensões com ele intercambiáveis (portanto, a autonomia do direito não emerge apenas na sua perspectiva jurisprudencial, como acentua, *v.g.*, *Castanheira Neves*; há algo que se coloca como condição de possibilidade ante essa perspectiva jurisprudencial: a Constituição entendida no seu todo principiológico).

Em outras palavras, sustentado no paradigma do Estado Democrático Constitucional, o direito, para não ser solapado pela economia, pela política e pela moral (para ficar apenas nessas três dimensões), adquire uma autonomia que, antes de tudo, funciona como uma blindagem contra as próprias dimensões que o engendra(ra)m. Isso significa assumir que os princípios constitucionais – e a Constituição *lato sensu* (afinal, qualquer hermenêutica constitucional que se faça – seja a partir de *Dworkin, Gadamer* ou *Habermas* – só tem sentido no contexto do paradigma do Estado Democrático de Direito) –, ao contrário do que se possa pensar, *não remete para uma limitação do direito (e de seu grau de autonomia), mas, sim, para o fortalecimento de sua de autonomia.* Por isso, a Constituição não é um documento meramente "político" (declarativo, pessoal, partidarista), que conteria um finalismo político-social, do qual o direito seria um instrumento, mas, sim, é o seu conteúdo jurídico que institucionaliza os campos com ela intercambiáveis, como a política, a economia e a moral.

Por tudo isso, a obra de Mário De Conto é uma profissão de fé na Constituição. A partir de sua publicação, deverá fazer parte de qualquer pesquisa que pretenda apostar na preservação do perfil concretizador dos direitos fundamentais constantes na Constituição. Trata-se de uma forte aposta no Estado Democrático de Direito. E olhando para a frente. Sempre. E pronto para impedir retrocessos!

De São José do Herval para Porto Alegre, nos dias de fortes e gelados ventos no final de abril de 2008.

Prof. Pós-Doutor Lenio Luiz Streck

Professor Titular da Unisinos
Procurador de Justiça-RS.

Sumário

Introdução 17

Capítulo I
**O princípio da proibição do retrocesso e a
contribuição da hermenêutica filosófica**

1. A contribuição da hermenêutica filosófica 21

  1.1. Um árduo caminho: o repúdio à tradição inautêntica e o retorno às fontes . . 21

  1.2. Aristóteles, o surgimento da metafísica e suas imbricações no
racionalismo moderno 24

  1.3. A hermenêutica filosófica e seus pressupostos 26

    1.3.1. O romper com o pensar metafísico: da metodologia ao existencial . . 26

    1.3.2. Compreensão e linguagem 30

    1.3.3. Tradição, diálogo e círculo hermenêutico 33

    1.3.4. A verdade na hermenêutica filosófica 37

    1.3.5. A hermenêutica filosófica como instrumento de ruptura 39

2. A aplicação dos pressupostos da hermenêutica filosófica para o necessário
rompimento com o paradigma liberal-individualista e o des-velar do
Estado Democrático de Direito 42

  2.1. A necessária consciência histórico-efeitual para a compreensão do
surgimento do Estado Liberal e de seus institutos 42

  2.2. A dogmática jurídica e seus institutos a serviço do estado liberal 47

  2.3. A evolução ao Estado Social e a incorporação do papel interventor 51

  2.4. O Estado Democrático de Direito como síntese dos modelos anteriores e de
como é necessário (re)pensar o modo-de-ser do direito contemporâneo . . . 54

  2.5. O Estado Democrático de Direito: caminhos para superação das crises . . . 59

Capítulo II
**O princípio da proibição do retrocesso e o
duplo viés do princípio da proporcionalidade**

1. Elementos para a construção de uma teoria da Constituição adequada ao
paradigma do Estado Democrático de Direito 63

2. O dirigismo constitucional, resgate de promessas e direitos fundamentais 74

3. A Constituição e os direitos fundamentais 78

4. Direitos fundamentais sociais e o dever de agir do Estado: a proibição da proteção deficiente e a proibição do retrocesso social 82

5. Elementos para a atribuição de sentido à proibição do retrocesso social: o desafio da marcha rumo ao sentido do "ser" 86

6. As implicações da Proibição do Retrocesso social nos poderes do Estado: políticas públicas, liberdade de conformação legislativa e da necessidade de uma intervenção substancialista por parte do Poder Judiciário 95

   6.1. O princípio da proibição do retrocesso e as funções estatais 95

   6.2. Da necessidade de uma administração pública compromissária 97

   6.3. O Poder Legislativo e a proibição do retrocesso social 101

   6.4. O Poder Judiciário e o intervencionismo substancialista 103

Capítulo III

**A proibição do retrocesso social:
o Estado da arte e o discurso decisório do STF**

1. O Tribunal Constitucional Português 109

   1.1. O caso do Acórdão 39/84 109

   1.2. O caso do Acórdão 509/02 114

2. Decisões em Tribunais brasileiros 119

   2.1. O Tribunal Regional Federal da 2ª Região 119

   2.2. O Tribunal de Justiça do Estado do Rio Grande do Sul 121

   2.3. Tribunal Regional do Trabalho da 4ª Região 127

   2.4. Algumas considerações 129

3. O discurso decisório do STF 130

   3.1. O julgamento da ADIn 3.103-8 130

      3.1.1. A questão envolvida 130

      3.1.2. A posição minoritária do STF: os argumentos em favor da proibição do retrocesso 132

      3.1.3. O entendimento majoritário do STF a respeito da matéria 135

   3.2. Julgamentos do STF a respeito do instituto do direito adquirido 137

   3.3. O STF e o princípio da segurança jurídica e da proteção da confiança ... 140

   3.4. Análise do posicionamento majoritário do STF a partir dos pressupostos da hermenêutica filosófica 141

Considerações finais 144

Referências bibliográficas 149

Introdução

A história da humanidade revela-se marcada por conquistas, retrocessos e por um eterno recomeçar. Como os fenômenos físicos, a vida humana encontra-se em constante movimento. Mais do que isso: como constata Aristóteles, "O sol, não apenas como Heráclito diz, é novo a cada dia, mas sempre novo, continuamente". Dessa forma, tudo está fadado à constante mudança.

Todavia, ao homem é incômodo tal fenômeno, na medida em que a permanente transformação gera angústia e insegurança. Nesse sentido, não obstante às mudanças e à singularidade dos acontecimentos, é inerente ao homem a busca pela generalização, para que, através de certa previsibilidade, os fenômenos – ao menos de um ponto de vista metafísico – pareçam-lhe mais estáveis, seguros e, em última análise, controláveis.

Ao lado da eterna busca por segurança e estabilidade, outro traço fundamental da civilização é a luta. Luta em face da opressão do homem por seu semelhante, luta por liberdade, luta por dignidade, luta pelo direito. Por vezes, como salienta Hannah Arendt, luta pelo (simples) direito a ter direitos. É cada vez mais evidente que as "verdades" a respeito das liberdades que se concebem na contemporaneidade podem até mesmo ser consideradas inerentes à condição humana, mas foram conquistadas – e isso é incontroverso – à custa de muitas vidas.

Nesse viés, o mundo contemporâneo é herdeiro de um processo civilizatório gerado por paradoxos, em que a busca por segurança e a luta pelo direito vêm servir de mola propulsora para a eclosão de fenômenos sociais. Trata-se de um mundo caracterizado por avanços e retrocessos e por períodos históricos em que parece predominar uma cegueira epidêmica – como na célebre obra de José Saramago – que acaba por comprometer direitos conquistados. Mesmo que essa idéia pareça inconcebível na contemporaneidade, basta considerar a adesão irrestrita de pessoas aos ideais dos regimes totalitários europeus, há poucas décadas, para se perceber o quão frágeis são as noções de dignidade humana e como argumentos aparentemente racionais podem levar a conseqüências catastróficas.

Dessa forma, buscando proteger os avanços obtidos a partir das lutas sociais, uma das pré-ocupações estatais passa a ser a conservação dos direitos conquistados, o que, de certo modo, torna-se tarefa homérica dos operadores do direito. Nesse sentido, em épocas em que a cegueira predomina é que se evidencia a necessidade da luta pelo direito, pela lucidez e pelos valores humanos. Até mesmo porque a luta pelo direito é contínua, não apenas do governo, mas de todo o povo, na lição de Ihering.

A Hermenêutica Filosófica propõe-se a ser um instrumento dessa luta. A luta pela obtenção de uma verdade sem a pretensão da universalidade, mas de ser uma verdade adequada, consciente. A partir de seus pressupostos, condensados principalmente nos profícuos ensinamentos de Martin Heidegger e Hans-Georg Gadamer, a Hermenêutica Filosófica rompe com a postura metafísica, propondo através dos postulados da "diferença ontológica" e do "círculo hermenêutico" uma interpretação que vise à busca de um sentido adequado. Notadamente, através da noção gadameriana de consciência histórico-efeitual, é possível ao intérprete denunciar a tradição inautêntica que acaba, em efetivo, por comprometer direitos conquistados no curso do processo civilizatório.

Assim, na contemporaneidade, a partir dos pressupostos da Hermenêutica Filosófica, busca-se atribuir sentido aos princípios da Segurança Jurídica, Proteção da Confiança e Proibição do Retrocesso Social, considerados como corolários do Estado de Direito, numa tentativa de romper com uma visão objetificada do instituto do "Direito Adquirido", o qual tem servido de fundamento para possibilitar a edição de medidas retrocessivas sob o manto de uma legalidade formal.

Tal rompimento faz-se necessário, notadadamente, nos países da América Latina, em virtude da inefetividade estatal na realização dos Direitos Fundamentais Sociais. Nesse ínterim, é no contexto latino-americano que o tema da Proibição do Retrocesso Social ganha maior ênfase, no sentido de instar os poderes estatais a realmente tutelarem os Direitos Sociais conquistados.

Com essa pesquisa, propõe-se a análise dos pressupostos da Hermenêutica Filosófica para, através da denúncia da tradição inautêntica, romper com a visão objetificada da dogmática jurídica. A partir dessa ruptura, busca-se atribuir sentido ao Princípio da Proibição do Retrocesso Social adequado ao paradigma do Estado Democrático de Direito, vinculando os poderes estatais. Por fim, será ressaltada a análise de decisões judiciais que consagram o Princípio da Proibição do Retrocesso Social, privilegiando-se a apreciação do discurso decisório do Supremo Tribunal Federal, a partir dos pressupostos da Hermenêutica Filosófica.

Capítulo I

O princípio da proibição do retrocesso e a contribuição da hermenêutica filosófica

1. A contribuição da hermenêutica filosófica

1.1. Um árduo caminho: o repúdio à tradição inautêntica e o retorno às fontes

Gratius ex ipso fonte bibuntur aquae. A frase, atribuída a Ovídio, recorda que mais prazeroso é beber a água de sua própria fonte. O sentido da assertiva evidencia a convicção de que é possível uma melhor compreensão dos fenômenos, a partir de suas origens. Partindo-se da mesma sentença, pode-se concluir que o prazer existente no sorver diretamente da fonte recompensa o árduo caminho que a separa do intérprete. Dessa forma, a recomendação de Ovídio metaforiza a tentação a que é submetido o homem: a de contentar-se com um conhecimento de segunda ordem, por preferir adotar uma postura passiva. Nesse sentido, na medida em que a pretensão de percorrer tal caminho de retorno passa a ser o fio condutor da presente pesquisa, fazem-se necessárias algumas considerações preliminares.

A analogia entre a água e o conhecimento é recorrente na filosofia. Talvez por tratar-se a água de algo cristalino em sua origem, que brota, flui e se transforma, tal metáfora auxilia na compreensão de que, quanto mais próximo à fonte, menos sujeito a impurezas estará o intérprete em seu processo de compreensão. Esse entendimento – de buscar o conhecimento em sua fonte – embora tenha acompanhado a evolução do pensamento ocidental, perdeu-se em determinado momento na história da filosofia, onde o questionamento pelo "ser" deixou de ser questão central.

Aristóteles, que denominou sua teoria de "Filosofia Originária", influenciou sobremaneira a filosofia ocidental. As imbricações de sua metafísica (especialmente a partir de São Tomás de Aquino), pré-ocupada em buscar o sentido último das coisas, com pretensões de universalidade, dominou a Idade Média. Acreditava Aristóteles que as coisas possuíam uma essência "em si" e que seria possível formular conceitos universais que contemplassem todas as singularidades. O conhecimento, dessa forma, estaria ligado à idéia da formulação de tais conceitos universais. Essa forma de pensar, que desprezava a infinidade de formas de manifestações do ser para que pudesse acoplar-se aos conceitos universais, perdurou por séculos na filosofia ocidental.

Boa parte dos filósofos contemporâneos entende que, somente a partir de Nietzsche,[1] iniciou-se um movimento de ruptura com a tradição metafísica Aristotélico-Tomista. Nietzsche demonstrou que os fatos nada são "em si", mas somente o "são" na medida em que interpretados, que a eles é atribuído sentido. A interpretação, nesse sentido, "está-no-mundo". E, como há multiplicidade de intérpretes, com diferentes vivências, as interpretações são variadas e, por muitas vezes conflitantes. As pretensões universalizantes do pensamento Aristotélico-Tomista começam a ceder em face da percepção, por parte dos filósofos, da multiplicidade de formas de manifestação do ser.

A explicação da multiplicidade – e por vezes do conflito – de interpretações relaciona-se, nesse ínterim, com o horizonte de sentido do intérprete, ou seja, o local de onde o mesmo retira subsídios para sua compreensão. Assim como é inquestionável que a autenticidade do conhecimento é diretamente proporcional à proximidade com sua fonte, é igualmente indubitável que essa busca requer perseverança e discernimento. Talvez por isso, boa parte dos intérpretes se perca em meio a essa busca, muitas vezes aceitando como premissas conhecimentos de segunda ordem, contaminados por ideologias e tradições inautênticas.

---

[1] A tese de Heidegger sobre a presença de Nietzsche como último pensador da metafísica se esboça do seguinte modo: "A metafísica funda uma época, enquanto lhe dá o fundamento de sua forma essencial, através de uma determinada explicação do ente e através de uma determinada concepção da verdade. Este fundamento perpassa todas as manifestações que caracterizam a época. Nietzsche é o sinal que indica o fim desta época e, ao mesmo tempo, o começo e as direções da nova época". STEIN, Ernildo. *Introdução ao pensamento de Martin Heidegger*. Porto Alegre: Ithaca, 1966, p. 82.

Como um exemplo elucidativo e relativamente recente de tentativa de rompimento com tradições inautênticas e a busca do conhecimento em suas fontes, pode-se citar o movimento de Reforma Protestante. Como observa Grondin, "para o primeiro historiador da hermenêutica, Dilthey, era certo que a ciência hermenêutica só iniciou com o protestantismo".[2] Para Lutero – o precursor da Reforma Protestante – *beber na própria fonte* significou romper com uma série de primados alheios ao sentido bíblico e a busca da verdade no sentido das Sagradas Escrituras. A própria doutrina Luterana do "sacerdócio universal" mostra certa similitude com o que Warat apregoa, ao denunciar o "monastério dos sábios" do Direito. Porém, toda a idéia que acarreta a descentralização do processo de interpretação causa problemas no *establishment*. Como é sabido, o movimento de reforma encontrou duros opositores e desencadeou dissensões. Não é diferente hoje.

A procura pelo conhecimento em suas fontes através da libertação do pensamento objetificador da metafísica é a pretensão da Hermenêutica Filosófica. Nas palavras de Heidegger, deve-se buscar o conhecimento nas coisas mesmas (*das sache selbst*). Para Heidegger, a filosofia esteve presa, durante séculos, a uma tradição metafísica que desconsiderou a problemática do ser, preocupando-se unicamente com os entes. A busca do sentido ser não era seu objeto. Dessa forma, mister se faz para uma leitura hermenêutica de qualquer problemática, a desconstrução dos postulados metafísicos e o questionamento do "ser" do ente.

Contemporaneamente – como na época de Lutero – a busca pelo conhecimento em sua fonte e a ruptura com a tradição inautêntica continua causando conflitos. Os juristas de hoje encontram a oposição, por parte dos tradicionais operadores do Direito, que ainda se encontram atrelados a postulados da modernidade que não se aplicam à realidade contemporânea. Agarram-se a dogmas baseados numa leitura vetusta do Princípio da Segurança Jurídica, sem compreender que os princípios epocais que os constituíram não perduram em uma sociedade indeterminada.

Nesse sentido, os juristas do Século XXI deparam-se com os problemas gerados pela inadequação dos primados da moderni-

---

[2] GRONDIN, Jean. *Introdução à Hermenêutica Filosófica*. São Leopoldo: Unisinos, 2004, p. 81.

dade em face das necessidades da contemporaneidade. Essa desfuncionalidade se verifica na ineficácia dos meios jurisdicionais de dirimir os conflitos da sociedade contemporânea. Em se tratando, particularmente, do Constitucionalismo, os esforços dos juristas concentram-se no afastamento da tradição inautêntica, ligada a uma hermenêutica de bloqueio, que acaba por retirar a eficácia do texto constitucional, reduzindo-o a um ideário, manifesto ou a um mero protocolo de intenções do Estado.

Dessa forma, como considerações iniciais, parte-se da necessária desconstrução do pensamento metafísico Aristotélico-Tomista e a ruptura com a tradição inautêntica para, então, rumo às fontes, buscar o sentido do Estado Democrático de Direito, de sua relação com os Direitos Fundamentais Sociais e os princípios inerentes a esta relação. Para obter tal intento, necessário se faz explicitar os postulados do pensar metafísico, para que se obtenha a necessária consciência histórico-efeitual, com o objetivo de denunciar os pré-juízos e suspender a tradição inautêntica.

1.2. Aristóteles, o surgimento da metafísica e suas imbricações no racionalismo moderno.

Aristóteles é geralmente apresentado, nas obras que tratam de História da Filosofia, como um homem de espírito inquieto, cujos estudos versaram sobre diversas áreas do conhecimento. Via de regra, evidencia-se como um organizador, como um filósofo que pretendia sistematizar o mundo em "categorias", como intitulou, inclusive, uma de suas obras.

Como discípulo que, em determinado momento, abandona os ensinamentos de seu mestre, Aristóteles rejeita a teoria do "mundo das idéias" de Platão, pois a considera incapaz de explicar o mundo sensível. Nesse sentido, parte da observação do mundo sensível para a tentativa de elaboração de conceitos universais, que contemplem as singularidades. Conclui Aristóteles pela imutabilidade e universalidade das essências,[3] que são constituídas a partir do pensamento indutivo.

---

[3] "Eu não digo que não há uma essência mais ou menos essência do que outra, porque isso já fica ensinado afirmativamente. O que eu digo, é, que cada uma das essências, isso que é, não se pode dizer que o é mais, nem menos. Por exemplo, se

Na verdade, como observa Streck, o pensamento metafísico (e aqui, leia-se, tanto a teoria platônica como a aristotélica) surge como contraponto ao convencionalismo dos sofistas,[4] que entendiam que a palavra se tratava de mera convenção, colocando em xeque, portanto, toda a validade do conhecimento. A metafísica, enquanto teoria, portanto, vem apresentar um fundamento, baseado na essência das coisas, para explicar sua ligação com a linguagem. Nas palavras de Streck:

> (...) a ciência buscada, a metafísica, não seria outra coisa que ontologia, estudo do conceito comum a todas as coisas, aquele do qual todos participam. Diga-se o que se disser de qualquer coisa, sempre se expressará sua realidade dizendo que é: é isto ou aquilo, deste modo ou de outro modo; em qualquer circunstância, é.[5]

Porém, a linguagem, para a metafísica de Aristóteles, possuía papel secundário. Na sua concepção, a linguagem era considerada como um (mero) veículo de transmissão dos conceitos universalizantes.[6]

---

a essência de que se trata é um homem, não pode ser mais, nem menos homem do que ele mesmo, nem tão pouco mais ou menos homem do que outro, do mesmo modo que uma coisa branca pode ser mais ou menos branca do outra; ou uma coisa formosa, pode ser mais ou menos formosa do que outra, e até cada uma delas em si mesma mais e menos; por exemplo, um corpo que é branco diz-se agora mais ou menos branco do que antes; um que está quente, diz-se estar mais ou menos quente. Mas as essências não se dizem ser nem mais nem menos essências, porque se não diz que um homem seja agora mais ou menos homem do que antes. E assim todas as demais coisas, que se chama essências. Donde se segue, que nenhuma essência é suscetível de mais nem de menos". ARISTÓTELES. *Categorias*. Lisboa: Guimarães Editores, 1982, p. 64-65.

[4] "Com a tese convencionalista dos sofistas, a verdade deixava de ser prioritária. A palavra, para os sofistas, era pura convenção e não obedecia nem à lei da natureza e tampouco às leis divinas (sobrenatural). Como era uma invenção humana, podia ser reinventada e, conseqüentemente, as verdades estabelecidas podiam ser questionadas". STRECK, Lenio Luiz. *Hermenêutica Jurídica em Crise*: uma exploração hermenêutica da construção do Direito. Porto Alegre: Livraria do Advogado, 2004, p. 117.

[5] Idem, ibidem, p. 121.

[6] Como informa Streck: "No fundo, o sistema aristotélico é uma releitura do pensamento de Platão, uma vez que Aristóteles descobre uma brecha no sistema do seu mestre: como poderemos falar de essências subsistentes? Nele a linguagem não manifesta, mas significa as coisas. A palavra é (somente um) símbolo, e sua relação com a coisa não é por semelhança ou por imitação, mas (apenas) por significação. A questão está na *adequatio*, é dizer, na conformidade entre a linguagem e o ser. Pressupõe uma ontologia. Ou seja, Aristóteles acreditava que as palavras só possuíam um sentido definido porque as coisas possuíam uma essência". Idem, ibidem, p. 122.

A atribuição de sentido, através da elaboração de conceitos, estava ligada a fundamentos últimos. Para a metafísica, a compreensão e o conhecimento estão ligados à idéia da indução, através da qual se formulam conceitos. Os enunciados expressam as verdades, que detêm caráter absoluto e universal. Russel constatou o caráter negativo da disseminação da filosofia aristotélica, ao asseverar que:

> Historicamente, a influência de Aristóteles tem sido muito obstrutiva, principalmente devido ao dogmatismo cego servil de muitos dos seus seguidores. Naturalmente, não podemos censurar Aristóteles por isso.[7]

Após percorrer a Antiguidade e a Idade Média, o pensar metafísico encontrou seu auge na modernidade iluminista. Com a pretensão de afastarem-se as indeterminações que caracterizaram o medievo, o pensar metafísico vem, através da objetificação, apresentar a solução de segurança de que necessitava a burguesia para alavancar a ainda incipiente economia. Como se demonstrará, a dogmática jurídica (produto da modernidade) foi construída totalmente em tal perspectiva. Parte-se do pressuposto de que a verdade da lei está encarcerada em seu enunciado lingüístico e que ao intérprete cabe, através da utilização de métodos lógico-formais e subsuntivos aplicar a verdade contida no enunciado ao caso concreto.

1.3. A hermenêutica filosófica e seus pressupostos

1.3.1. O romper com o pensar metafísico: da metodologia ao existencial

Heidegger mostra-se como o mais vigoroso algoz do pensar metafísico. Ao deter-se no estudo do ente, o pensar metafísico caracteriza-se por um viés objetificador, velando, portanto, as demais possibilidades do ser. Quando Heidegger pergunta-se, por diversas vezes, na obra *Introdução à metafísica*, "por que há simplesmente o ente e não antes o Nada?"[8] demonstra essa angústia, de perceber que, a partir do pensar metafísico, pensa-se somente o "ente", sendo

---

[7] RUSSEL, Bertrand. *História do Pensamento Ocidental*. Rio de Janeiro: Ediouro: 2004, p. 125.

[8] HEIDEGGER, Martin. *Introdução à metafísica*. Rio de Janeiro: Tempo Brasileiro, 1966, p. 27.

que a questão do "ser" fica esquecida, porque a pergunta pelo "ser" não é ocupação da metafísica.

Com efeito, Heidegger percebe que "o nada é a plena negação da totalidade do ente".[9] Nesse sentido, fica claro, que o ente se trata de apenas uma das formas de manifestação do ser, sendo que, para o pensar metafísico, as demais formas de manifestação passam a ser "nada". É com base nessa reflexão que Heidegger, em *O que é metafísica*, vai sintetizar seu pensamento na seguinte idéia:

"O puro ser e o puro nada são, portanto, o mesmo". Esta frase de Hegel (*Ciência da Lógica*, Livro I, WW III, p. 74) enuncia algo certo. Ser e nada copertencem, mas não porque ambos – vistos a partir da concepção hegeliana de pensamento – coincidem em sua indeterminação e imediatidade, mas porque o ser mesmo é finito em sua manifestação no ente (Wesen), e somente se manifesta na transcendência do ser-aí suspenso dentro do nada.[10]

É nesse sentido que a Hermenêutica Filosófica rompe com as concepções metafísicas[11] e objetificadoras, que vislumbram no processo de interpretação um caráter metodológico, exercido por um intérprete imparcial. Para a Hermenêutica Filosófica, a interpretação se trata de um processo ontológico, de um existencial, considerando o intérprete inserido em sua faticidade, em seu universo de tradições e pré-conceitos que moldam suas pré-compreensões.[12]

---

[9] HEIDEGGER, Martin. *Introdução à metafísica*. Rio de Janeiro: Tempo Brasileiro, 1966, p. 28.

[10] Idem, *Que é metafísica*. São Paulo: Livraria Duas Cidades, 1969, p. 41.

[11] A respeito da postura metafísica, informa Stein, que: "Como a metafísica se constituía, na sua relação com os objetos, como, um conhecimento objetivador, isto é, se guiava pelo esquema sujeito-objeto, não foi capaz de pensar o âmbito que essa mesma constituía, sem afirmá-lo como resultado da presença de um ente particular ou pela presença de um sujeito. Assim ela, pelo fato de pensar o seu campo específico a partir da entificação do ser, introduziu a distinção, entre filosofia e ciência, a partir de uma relação de objeto. Dessa maneira, a metafísica estabelecia um compromisso de caráter especulativo entre natureza e consciência, reduzindo a distinção que deveria ser produzida, pela diferença ontológica, a uma diferença entre subjetividade e objetividade transcendental. Era assim que a metafísica comprometia a presença de qualquer elemento organizados com o projeto de uma fundamentação da experiência". STEIN, Ernildo. *Pensar é pensar a diferença: filosofia e conhecimento empírico*. Ijuí: Unijuí, 2002, p. 100.

[12] Por considerar a compreensão como um existencial, um processo ontológico, e não metodológico, a hermenêutica filosófica entende a pré-compreensão como condição de possibilidade para a interpretação. Grondin, analisando o pensamento de Heidegger acerca do tema, informa que "essa compreensão (ou maneira de entender)

Nesse ínterim, pode-se sintetizar a postura contrária da Hermenêutica Filosófica em relação à metafísica em virtude de que, ao desconhecer a diferença ontológica entre ser e ente, a mesma adota uma postura objetificadora, negando o fato de que o ente possui múltiplas e infinitas representações. Além disso, a metafísica encontra-se calcada em fundamentos últimos, que acabam por velar o sentido do ser.

É nesse sentido que Heidegger, na obra *Carta sobre o humanismo*, explica porque a busca do sentido do ser é inacessível à metafísica. Nas suas palavras,

> A metafísica representa realmente o ente em seu ser e pensa assim o ser do ente. Mas ela não pensa a diferença de ambos (...) a metafísica não levanta a questão da verdade do ser-ele-mesmo. Por isso ela também jamais questiona o modo como a essência do homem pertence à verdade do ser.[13]

Dessa forma, observa Vattimo que o termo *metafísica* assume para Heidegger uma conotação decididamente negativa: "metafísica é todo o pensamento ocidental que não soube manter-se ao nível da transcendência constitutiva do *Dasein*, ao colocar o ser no mesmo plano do ente". Observa ainda que, na concepção de Heidegger, "a metafísica coincide com a compreensão do ser que tem a existência inautêntica".[14]

Portanto, a partir da matriz teórica da hermenêutica filosófica heideggeriana-gadameriana, a compreensão deixa de ter um aspecto metodológico para ser entendida como produto do modo-de-ser no mundo do intérprete. Os preconceitos e pré-juízos são condições de possibilidade da interpretação, estão presentes no modo-de-ser do intérprete que é estrutura ontológica do *Dasein*,[15] do ser-aí. Pode-se

---

– chamemo-la de prática – Heidegger concebe-a como "existencial", isto é, como modo de ser ou modo básico, por força do qual nós conseguimos e procuramos situar-nos neste mundo. A compreensão (ou o entender) de algo significa menos um "modo de conhecimento" do que um "situar-se" (ou achar-se: "sichauskennen") no mundo". GRONDIN, Jean. *Introdução à hermenêutica filosófica*. São Leopoldo: Editora Unisinos, 1999, p. 160-161.

[13] HEIDEGGER, Martin. *Carta sobre o humanismo*. Lisboa: Guimarães, 1985, p. 45.

[14] VATTIMO, Gianni. *Introdução à Heidegger*. Lisboa: Edições 70, 1977, p. 64.

[15] O termo *Dasein* foi inserido por Heidegger e é geralmente traduzido por "ser-aí". Stein comenta o termo, informando que "o ser-aí, o *Dasein*, baseado na estrutura do ser no mundo, passa a ser o vetor de racionalidade. Mas não mais um vetor que explica a natureza, ou mesmo deus. Denominamos a isso de encurtamento herme-

afirmar, nesse sentido, que esse modo-de-ser do intérprete é que determinará suas pré-compreensões a respeito do mundo.

O que Heidegger propõe, e que se torna mais evidente a partir da compreensão de sua matriz teórica, é um "passo de volta". Nas suas palavras:

> Passo de volta não quer dizer um passo isolado do pensamento, mas o tipo de movimento do pensamento e um longo caminho. Na medida em que o passo de volta determina o caráter de nosso diálogo com a história do pensamento ocidental, o pensamento conduz de certo modo para fora do que até agora foi pensado em filosofia. O pensamento recua diante do seu objeto, o Ser, e põe o que foi assim pensado num confronto, em que vemos o todo desta história, e em verdade sob o ponto de vista daquilo que constitui a fonte de todo este pensamento, enquanto lhe prepara um fim a esfera de sua residência (...). Falamos da Diferença entre o Ser e o ente. O passo de volta vai do impensado, da diferença enquanto tal, para dentro do que deve ser pensado. Isto é esquecimento da Diferença. O esquecimento a ser aqui pensado é o velamento da Diferença enquanto tal, pensado a partir do LETHE (ocultamento), velamento que por seu lado originariamente se subtrai. O esquecimento pertence à Diferença, porque esta pertence àquele. O esquecimento não surpreende a Diferença apenas posteriormente, em conseqüência de uma distração do pensamento humano.[16]

Dessa forma, Heidegger demonstra que se deve percorrer um caminho de retorno, na busca da verdade do ser. Segundo o filósofo, como elemento de objetificação do conhecimento, além do desconhecimento pela metafísica da diferença ontológica entre ser e ente, ainda existia a questão do fundamento na metafísica. Heidegger percebe que, segundo os princípios epocais de cada estágio da civilização, o sentido atribuído aos entes estava ligado aos fundamentos do conhecimento da época. Isso explica as fundamentações teológicas da Idade Média e a crença na razão como fundamento, na modernidade.

---

nêutico: nem natureza, nem deus. Nele resta apenas a condição humana, o modo próprio de ser do ser-aí. Em lugar de descrever a essência do ser humano, descreve-se o ser (a existência) do ser humano. O aí (Da) será a essência do ser-aí, mas esse, modalizado pela compreensão do ser, passa a acentuar a diferença ontológica e com ela a questão do ser. Enquanto compreensão do ser, a compreensão do *Dasein*, enquanto compreende o ser, passa a ser o suporte, o organizador, o vetor de racionalidade para uma possível teoria do conhecimento". STEIN, Ernildo. *Pensar é pensar a diferença: filosofia e conhecimento empírico*. Ijuí: Unijuí, 2002, p. 180.

[16] HEIDEGGER, Martin. *A Constituição onto-teo-lógica da metafísica*. Pfullingen: Gunther Neske, 1957, tradução de Ernildo Stein. p.10.

Com base nessas premissas, e por considerar que o processo de atribuição de sentido é um existencial, Heidegger propõe a idéia de fundamento como transcendência. Nas suas palavras "transcendência significa ultrapassagem".[17] Tal fenômeno deve ser entendido como a ultrapassagem do pensamento objetificador. E tal transcendência é um atributo do *Dasein*, do ser-aí humano, que enquanto "ser-no-mundo", atribui sentido aos entes. No dizer de Streck:

> O fundamento é, assim, um caráter transcendental existencial, porque o manifestar-se constitutivo deste processa-se de acordo com o modelo do fundamento, não mais um modelo de fundamentação clássica Kantiana, mas que pode ser descrito a partir de um transcendental transformado fenomenologicamente. Isso quer dizer que funda seu ser sem fundamento. O ser, enquanto fundamento do ente, é fundamento sem fundo (grund-os), abismo (Ab-grund).[18]

Em síntese, a transcendência importa em reconhecer a diferença ontológica[19] existente entre o ser e o ente, ultrapassando a concepção metafísica, atribuindo sentido ao ser, livrando-se das amarras dos fundamentos metafísicos, buscando a liberdade de interpretação.

1.3.2. Compreensão e Linguagem

A linguagem, que para o pensar metafísico é vista como um mero veículo de transmissão de conceitos, na perspectiva da Hermenêutica Filosófica, é erigida à condição de possibilidade da compreensão.

Pode-se dizer que a relação estabelecida entre o homem e a linguagem é marcada pela dependência e pela falta. Para que as coisas, os fenômenos, venham a fazer parte do mundo, o homem necessita

---

[17] HEIDEGGER, Martin. *A essência do fundamento*. Lisboa: Edições 70, p. 26-28.

[18] STRECK, Lenio Luiz. Hermenêutica (Jurídica): compreendemos porque interpretamos ou interpretamos porque compreendemos: Uma resposta a partir do ontological turn. In: *Anuário do Programa de Pós-Graduação em Direito da Universidade do Vale do Rio dos Sinos*, São Leopoldo: Unisinos, 2003, p. 223.

[19] Ao comentar a diferença ontológica existente entre texto e norma, Streck esclarece que "não há "separação" entre texto e norma; há sim, uma diferença entre eles (que é ontológica), questão que pode ser retirada da assertiva heideggeriana de que "o ser é sempre o ser de um ente, e o ente só é no seu ser. Não há ser sem ente!" STRECK, Lenio Luiz. *Hermenêutica Jurídica em Crise*: uma exploração hermenêutica da construção do Direito. Porto Alegre: Livraria do Advogado Editora, 2004, p. 311.

nominá-las. Nesse sentido o homem (caracterizado como poder-ser) é, através da linguagem, construtor de mundo.

A história do pensamento filosófico evidencia a tensa relação de estranhamento entre o homem e as coisas que o cercam.[20] Como informa Grondin:

> A pré-estrutura significa, pois, que o *"Dasein"*, o ser-aí humano, se caracteriza por uma interpretação que lhe é peculiar e que se encontra antes de qualquer locução ou enunciado – uma interpretação, cujo caráter fundamental de cuidado ameaça ocultar a tendência niveladora do juízo proposicional. Essa maneira de ver pode surpreender inicialmente, mas nós acreditamos poder afirmar com razão, que a hermenêutica da faticidade, de Heidegger, quer basicamente ser uma hermenêutica daquilo tudo que trabalha por detrás da elocução. Ela é uma interpretação da estrutura de cuidado do ser-aí humano, que se expressa antes e por detrás de cada juízo e cuja forma mais elementar de concretização é a compreensão.[21]

Dessa forma, o homem, através da linguagem, cria o mundo. Heidegger assevera que "as palavras e a linguagem não são cápsulas, em que as coisas se empacotam para o comércio de quem fala e escreve. É na palavra, é na linguagem, que as coisas chegam a ser e são".[22] Observa ainda que a apelação das necessidades do homem, a partir da percepção do que lhe faz falta, afirmando que:

> lo que nos hace falta lo medimos por el rasero de las necesidades, por el rasero de los deseos entregados a sí mismos y a su ímpetu, por el rasero de aquello sobre y con lo que contamos. (...) tras estos deseos e ímpetus está el ansia de esa inquietud para la que todo lo suficiente se torna inmediato en algo jamás suficiente. Esta inquietud, prolongada por nuevas cosas que hacen falta, por "intereses" cada vez más elevados y amplios, no surge de algo así como una rapacidad creada artificialmente, sino que esa avidez es ella misma consecuencia de esa inquietud en la que se muestra el abrirse paso de la mera vida, de lo sólo viviente.[23]

---

[20] A este propósito, Streck, na obra *Hermenêutica Jurídica em Crise*, (p. 311) traz um apanhado da evolução do pensamento filosófico, demonstrando a difícil superação do pensamento metafísico e, de como, a partir de Wittgenstein, a linguagem deixa de ser um mero instrumento e passa a ser condição de possibilidade para a própria constituição do pensamento. Nesse sentido é que se fala na "guinada lingüística" (Habermas), a partir da qual a linguagem é condição de possibilidade para o conhecimento, pois é na linguagem que o sujeito ocorre, é na linguagem que se dá o sentido.

[21] GRONDIN, Jean. *Introdução à Hermenêutica Filosófica*. São Leopoldo: Unisinos, 2004, p. 159-160.

[22] HEIDEGGER, Martin. *Introdução à metafísica*. Rio de Janeiro: Tempo Brasileiro, 1966, p. 52.

[23] Idem. *Conceptos fundamentales*. Madrid: Alianza Editorial, 1994, p. 29.

Para Heidegger, o ser é compreendido na linguagem. Assim, a linguagem (que surge na falta e na expressão do *ser-com*) passa a ser condição de possibilidade para que as coisas estejam no mundo. Como a atribuição de sentido se dá na transcendência e na intersubjetividade, a relação metafísica *sujeito-objeto* é superada pela concepção hermenêutica de que o sentido é atribuído através de uma relação *sujeito-sujeito*, com a linguagem exercendo papel central.

Em suma, é a partir da superação, efetuada pela Hermenêutica Filosófica, da relação sujeito-objeto pela relação sujeito-sujeito, que a linguagem passa a desempenhar papel fundamental no processo de compreensão, eis que, através dela, é que se toma contato com o mundo da vida, no qual o intérprete é inserido. A relação do homem com a linguagem caracteriza-se pela noção de co-pertença: a linguagem pertence ao homem, assim como o homem à linguagem. É nesse sentido que surge a preocupação com a questão da linguagem, como a construtora de mundo, valores e tradições.[24]

Portanto, é através da linguagem que o intérprete toma contato com as tradições, o que faz com que a linguagem – anteriormente considerada um mero veículo de conceitos – passa a ser condição de possibilidade para a compreensão.[25]

Cabe ressaltar que o intérprete é inserido no mundo. A linguagem é preexistente. Através da linguagem ele toma contato com a tradição e passa a construir, através de sua faticidade, suas pré-compreensões. Como observa Grondin:

---

[24] Como observa Eduardo Galeano, "En lengua guaraní, 'ñe'e' significa 'palabra' y también significa 'alma'. Creen los indios guaraníes que quienes mienten la palabra, o la dilapidan, son traidores del alma" GALEANO, Eduardo. *Las palabras andantes*. Ciudad de México: Siglo Veintiuno, 1993, p. 6.

[25] Nesse sentido, Gadamer explica que "a compreensão implica sempre uma pré-compreensão que, por sua vez, é prefigurada por uma tradição determinada em que vive o intérprete e que modela os seus pré-conceitos. Assim, todo encontro significa suspensão de meus preconceitos, seja o encontro com uma pessoa com quem aprendo a minha natureza e os meus limites, seja com uma obra de arte ('não há um lugar em que não possa ver-te, deves mudar a tua vida') ou com um texto; e é impossível contentar-se em 'compreender o outro', quer dizer, buscar e reconhecer a coerência imanente aos significados-exigências do outro". GADAMER, Hans-Georg. *O problema da consciência histórica*. Rio de Janeiro: Fundação Getúlio Vargas, 1998, p. 13-14.

Nossos esboços, de início, não são de nossa escolha. Somos, antes, "jogados" neles. O específico "ser lançado" e a historicidade do ser-aí são a característica indelével de nossa "facticidade". Faz parte da pré-estrutura fática e,com isso, primária do nosso compreender, as que ela se encontre no âmbito das perspectivas prévias, que orientam suas expectativas de sentido.[26]

Em suma, é através da linguagem e da intersubjetividade que o intérprete tem acesso aos valores, aos pré-juízos que farão parte de sua compreensão. É a partir dela que se manifesta a transcendência do *Dasein*, a partir da qual ex-surgirá a atribuição de sentido. Todavia, o problema que surge de tal constatação e que será objeto de análise a seguir, refere-se à autenticidade de tais juízos prévios.

1.3.3. Tradição, diálogo e círculo hermenêutico

Gadamer apresenta a noção de *diálogo* com a tradição como condição de possibilidade de verificação dos pré-juízos. Para o filósofo, o intérprete, ao tomar contato com a tradição, não deve aceita-la passivamente.[27] É nesse espírito que Gadamer assevera que:

a consciência moderna assume – precisamente como "consciência histórica" – uma posição reflexiva com relação a tudo que lhe é transmitido pela tradição. A consciência histórica já não escuta beatificamente a voz que lhe chega do passado, mas, ao refletir sobre ela mesma, recoloca-a no contexto em que ela se originou, a fim de ver

---

[26] GRONDIN, Jean. *Introdução à Hermenêutica Filosófica*. São Leopoldo: Unisinos, 2004, p. 163.

[27] Rui Sampaio da Silva estabelece relação entre o *Dasein* e termos Gadamerianos como "trabalho da história." e de "consciência do trabalho da história". Aduz que "a primeira noção designa nossa pertença à história, a superioridade da história sobre a consciência humana e o fato de a nossa abertura ao mundo ser determinada previamente pela tradição em que nos movemos. A noção correspondente de 'consciência do trabalho da história' deve ser lida no duplo sentido do genitivo: significa, por um lado, a consciência que temos do trabalho da história e, por outro, a consciência que é dominada ou possuída pela história. Como se vê, são claras as afinidades com a noção de *Dasein*. As duas noções denunciam a inadequação da concepção tradicional do sujeito e da consciência, chamando a atenção para a pertença necessária do homem a um contexto histórico e social, bem como para o facto de o homem ser 'mais ser do que consciência', como exprime Gadamer. A Consciência do trabalho da história assemelha-se muito ao *Dasein*, desde que esteja depurado dos traços transcendentais que possuía sem Ser e Tempo". SILVA, Rui Sampaio da. Gadamer e a herança Heideggeriana. *Revista Portuguesa de Filosofia*, 56, 2000, p. 524

o significado e o valor relativos que lhe são próprios. Esse comportamento reflexivo diante da tradição chama-se interpretação.[28]

É esse diálogo com a tradição que permite ao intérprete analisar seus pré-juízos. A partir dessa noção, o intérprete, ao receber informações a respeito de determinado instituto, deve questionar-se sobre as condições em que se deu tal interpretação, verificando a adequação a sua realidade.

Vinculada à necessidade do diálogo com a tradição, Gadamer propõe a idéia do distanciamento temporal, necessário para que os pré-conceitos sejam colocados à prova. O tempo, nesse sentido, seria condição de possibilidade para a suspensão dos pré-conceitos. Assevera Gadamer que

> é graças ao fenômeno da "distância temporal" e ao esclarecimento de seu conceito que se pode cumprir a tarefa propriamente crítica da hermenêutica, isto é, distinguir os preconceitos que cegam daqueles preconceitos que esclarecem, os preconceitos falsos dos preconceitos verdadeiros. Deve-se livrar a compreensão dos preconceitos que a dirigem, permitindo assim que as "perspectivas outras" da tradição se manifestem, o que vem assegurar a possibilidade de qualquer coisa ser compreendida como outra. Denunciar algo como preconceito é suspender a sua presumida validade; com efeito, um preconceito só pode atuar sobre nós, como preconceito no sentido próprio do termo, enquanto não estivermos suficientemente conscientes do mesmo. Mas a descoberta de um preconceito não é possível enquanto ele permanecer simplesmente operando; é preciso de algum modo provoca-lo. Ora, tal provocação de nossos preconceitos é precisamente fruto de um reencontro renovado com uma tradição que se encontra, talvez, na origem deles.[29]

Ainda esclarece Gadamer que "sólo la distancia en el tiempo hace posible resolver la verdadera cuestión crítica de la hermenéutica, la de distinguir los prejuicios verdaderos bajo los cuales comprendemos, de los prejuicios falsos que producen los malentendidos".[30] A distância temporal, proposta por Gadamer, configura-se como condição de possibilidade para a verificação da autenticidade/inautenticidade de seus juízos prévios.

Não se perdendo de conta o caráter da intersubjetividade e da temporalidade do conhecimento, Gadamer apresenta a idéia de que

---

[28] GADAMER, Hans-Georg. *O problema da consciência histórica*. Rio de Janeiro: Fundação Getúlio Vargas, 1998, p-18-19

[29] Idem, ibidem, p. 68.

[30] Idem. *Verdad y método: Fundamentos de una hermenéutica filosófica*. Salamanca: Ediciones Sígueme, 1993, p. 369.

toda a compreensão é um processo de "Fusão de Horizontes",[31] na qual está inserido o intérprete. Para compreender é necessária a confrontação de horizontes, da qual ex-surgirá o sentido. Streck alude que:

> É nesse sentido que Hans-Georg Gadamer vai dizer que o caráter da interpretação é sempre produtivo. Esse aporte produtivo forma parte inexoravelmente do sentido da compreensão. É impossível ao intérprete se colocar em lugar do outro. O acontecer da interpretação ocorre a partir de uma fusão de horizontes (*Horizontverschmelzung*) porque compreender é sempre o processo de fusão dos supostos horizontes para si mesmos.[32]

Como restou explicitado, ponto crucial para a Hermenêutica Filosófica é a ruptura com a postura objetificadora da metafísica,[33]

---

[31] Rui Sampaio da Silva esclarece que "a conhecida doutrina gadameriana da fusão de horizontes enraíza-se, por conseguinte, na hermenêutica heideggeriana. Com efeito, se toda a compreensão assenta num determinado horizonte de inteligibilidade e se, por conseguinte, toda a compreensão é compreensão de si (pois põe em jogo a rede de preconceitos e expectativas que permitem a abertura do homem à experiência), compreender outrem não deve ser concebido como um simples acto de transposição psíquica ou como uma mera reconstituição de conteúdos intencionais alheios. Pelo contrário, a compreensão consiste numa fusão entre o horizonte do intérprete e do *interpretandum*. Contra o historicismo ingênuo do século XIX, a hermenêutica gadameriana declara a impossibilidade de uma reconstituição objetiva e neutra de um horizonte histórico e da mente de um autor ou agente histórico. A nossa inserção num determinado horizonte é incontornável, é constitutiva do nosso ser, razão pela qual jamais poderemos abstrair-nos do nosso contexto histórico, o qual está sempre em jogo em todo o acto cognitivo. Assim se refutam as pretensões do objetivismo epistemológico. Tal não significa, contudo, que o nosso horizonte constitua uma prisão rígida. Bem pelo contrário, ele transforma-se ao longo das nossas experiências hermenêuticas, ou seja, através das fusões com outros horizontes. O acontecimento da compreensão é balizado por três pólos: o intérprete, aquele que é interpretado e a 'coisa' (*Sache*) que está em questão. É esta última, e não a subjectividade daquele que procuramos compreender, que constitui o centro da compreensão. Compreender (*Verstehen*) é chegar a um entendimento (*Verständigung*) com alguém sobre alguma coisa. O outro é aqui, sobretudo, um parceiro de conversação que nos ajuda a aceder à verdade da coisa ou do assunto em questão". SILVA, Rui Sampaio da. Gadamer e a herança Heideggeriana. *Revista Portuguesa de Filosofia*, Braga, 2000, vol 56, p. 527.

[32] STRECK, Lenio Luiz. *Jurisdição Constitucional e Hermenêutica*: uma nova crítica do direito. 2ª ed. Rio de Janeiro: Forense, 2004, p. 197.

[33] Pires informa que "toda a metafísica ocidental, desde Platão e Aristóteles que determinaram os conceitos filosóficos do Ocidente e abriram os caminhos da civilização européia, até Hegel e Nietzsche em que essa metafísica começa a chegar à sua consumação, vive do esquecimento do ser (*Seinsvergessenheit*). A metafísica tradi-

possível através da noção de *diferença ontológica*, pela qual ser e ente são coisas distintas. A partir dessa noção, é possível ampliar os sentidos possíveis, evidenciando, mais uma vez, o caráter produtivo da compreensão. Ao lado do postulado da diferença ontológica, a hermenêutica filosófica trabalha com a noção do Círculo Hermenêutico, no qual se dá a compreensão. Tal noção expressa o fato que a compreensão do objeto pressupõe, pelo intérprete, uma compreensão de si mesmo.

Nessa compreensão de si mesmo, de seus pré-juízos e tradições e de sua relação com o objeto se dá o círculo hermenêutico, no qual ocorre a compreensão. Como afirma Stein,[34] "a compreensão do ser não poderia exercer essa função sem que o ser-aí se compreendesse em seu ser. Nisso se expressa o teorema da circularidade hermenêutica, em ser e tempo". Outro aspecto a salientar é que a compreensão e a circularidade hermenêutica têm presentes a mutabilidade, uma vez que a compreensão está ligada à temporalidade[35] e à situação hermenêutica que a condiciona. No dizer de Rui Sampaio da Silva, ao atribuir caráter universal à compreensão, o círculo hermenêutico assume uma dimensão ontológica. Além disso, o círculo é intermi-

---

cional pensou o ente enquanto tal, mas esqueceu do ser dos entes. É verdade que ela dalgum modo pensa o ser dos entes, mas só enquanto reflete sobre os entes. O ser mesmo (*das Sein selbst*) foge ao olhar da metafísica." PIRES, Celestino. Heidegger e o ser como história. *Revista Portuguesa de Filosofia*, Braga,Tomo XIX Julho-Setembro 1963, Fasc. 3.

[34] STEIN, Ernildo. *Pensar é pensar a diferença*: filosofia e conhecimento empírico. Ijuí: Unijuí, 2002, p. 108.

[35] Informa Stein que "À medida que o tempo como Temporalität é o horizonte de manifestação do ser, isto é, funciona como princípio organizador porque é posto como o elemento ativo de distinção e ordenação que articula o mundo numa estrutura determinada de manifestação do ser, Heidegger encontrou, nessa temporalidade, ao mesmo tempo, um princípio de racionalidade que permite compreender e justificar a racionalidade das ontologias regionais e que até nos leva a pôr as razões que justificam e compreendem a estrutura historial, em que os compromissos possíveis de uma época se articulam com uma determinada racionalidade. Se a articulação entre ser e pensar dá-se numa relação circular, enquanto o ser-aí se compreende e se explicita em seu ser e, com isso, compreende o ser, ao mesmo tempo tem a condição de possibilidade de autocompreensão e auto-explicitação, no contexto da primeira temporalidade (Zeitlichkeit), que constitui o sentido do ser do cuidado, essa segunda temporalidade (Temporalität) exerce o papel de ser o lugar, o horizonte, e o espaço de distinção e separação de todos os modos de ser não-próprios do ser-aí, na medida que ela é o sentido do ser como tal". Idem, ibidem, p. 92-93.

nável, dado que *a* "compreensão depende sempre de um horizonte indeterminado e mutável".[36]

1.3.4. A verdade na hermenêutica filosófica

A Hermenêutica Filosófica rompe radicalmente com a concepção metafísica de verdade, pela qual a verdade encontra-se no enunciado lingüístico. Além disso, a metafísica, por construir conceitos universalizantes e atemporais, desconsidera o fator "temporalidade" na busca da verdade.

A idéia de verdade buscada pela hermenêutica filosófica é, nesse sentido, menos pretensiosa, eis que não se trata de uma verdade absoluta. A Hermenêutica Filosófica utiliza-se da noção grega de verdade (*Aletheia*)[37] que se caracteriza por sua ambivalência. *Aletheia* apresenta a noção da verdade como algo que ex-surge, que se desvela.[38]

Além disso, para Heidegger a essência da verdade é a liberdade. Tal liberdade se consubstancia no fato de que a interpretação, a busca do des-velamento é um processo ontológico e não se dá mediante procedimentos lógico-formais. No dizer de Vattimo, "o abrir-se ao ente não é algo que o homem possa escolher porque constitui

---

[36] SILVA, Rui Sampaio da. Gadamer e a herança Heideggeriana. *Revista Portuguesa de Filosofia*, 56, 2000, p. 525.

[37] Streck comenta que: "Aletheia (des-velamento) é, assim, a própria eclosão do ente no seu ser, onde o ser, o aparecer, faz sair da ocultação. Enquanto o ente (enquanto tal) é, coloca-se e se mantém no seu des-velamento, dirá o filósofo. Assim, é de fundamental importância compreender que a clareira só pode ser porque existe a floresta que a circunscreve, que a abriga e oculta todas as coisas em seu seio. Entretanto, e paradoxalmente, a floresta também necessita da luz da clareira para que todas as coisas do seu interior possam ser iluminadas e ganhar presença". STRECK, Lenio Luiz. *Hermenêutica Jurídica em Crise*: uma exploração hermenêutica da construção do Direito. Porto Alegre: Livraria do Advogado, 2004, p. 288.

[38] A respeito da relação velamento/des-velamento, assevera Gadamer que "ocultación y encubrimiento son correlativos. Las cosas se mantienen ocultas por la naturaleza; "la naturaleza tiende a ocultarse", parece que dijo Heráclito. Igualmente, el encubirimiento es proprio de la acción y del lenguaje humano. Porque el lenguaje humano no expresa sólo la verdad, sino la ficción, la mentira y el engaño. Hay, pues, una relación originaria entre el ser verdadero y el discurso verdadero. La desocultación del ente se produce en la sinceridad del lenguaje". GADAMER, Hans Georg. *Verdad y Metodo*. Salamanca: Ediciones Sigueme, 1992, p. 53.

o próprio *Dasein* como tal enquanto 'ser-no-mundo'. Esta liberdade não é, pois, uma faculdade de que o homem disponha, mas é ela que dispõe o homem".[39]

Heidegger é enfático ao demonstrar que pensar é pensar o ser. Pensar é construir sentido. Nas suas palavras,

> O pensar é o pensar do ser. O genitivo tem duplo significado. O pensar é do ser, na medida em que o pensar, apropriado e manifestado pelo ser, pertence ao ser. O pensar é, ao mesmo tempo, pensar do ser, na medida em que o pensar, pertencendo ao ser, escuta o ser. Escutando o ser e a ele pertencendo, o ser é aquilo que ele é, conforme sua origem essencial. O pensar é – isto, quer dizer: o ser encarregou-se, dócil ao destino e por ele dispensado, da essência do pensar.[40]

Além disso, Heidegger assevera que "preguntar es estar construyendo un camino. Por ello es aconsejable fijar la atención en el camino y no estar pendiente de frases y rótulos aislados. El camino es un camino del pensar".[41]

Há que se considerar, de igual forma, que como a verdade está sujeita à temporalidade, seu caráter ambivalente reside no fato de que ocorre seu velamento/des-velamento através do tempo.

Pode-se dizer que, em face de tal concepção de verdade, o desvelamento do ser do ente é a sublime tarefa do intérprete, eis que, dessa forma, estará buscando a autêntica compreensão do fenômeno, indo de encontro às fontes. E, em face da inacessibilidade do intérprete ao ser, há uma espécie de solidariedade entre a verdade ôntica e a verdade ontológica. No dizer de Heidegger:

> O desvelamento do ser, porém, é sempre verdade do ser do ente, quer este seja efectivamente real ou não. E vice-versa, no desvelamento do ente reside já sempre um desvelamento do seu ser. A verdade ôntica e ontológica referem-se, de modo diverso respectivamente, ao ente no seu ser e ao ser do ente. São essencialmente solidárias em razão da sua referência à diferença entre ser e ente (diferença ontológica). A essência ôntico-ontológica, deste modo necessariamente bifurcada, da verdade em geral só é possível juntamente com a irrupção de tal diferença. Por outro lado, se o estar-aí consiste em ele se comportar perante o ente compreendendo o ser, então o poder-distinguir, em que a diferença ontológica se torna fáctica, deve ter lançado as raízes da sua própria possibilidade no fundamento da essência do

---

[39] VATTIMO, Gianni. *Introdução à Heidegger*. Lisboa: Edições 70, 1977, p. 74.

[40] HEIDEGGER, Martin. *Carta sobre o humanismo*. Lisboa: Guimarães Editores, 1985, p. 36-37.

[41] Idem. La pregunta por la técnica, in *Conferencias y articulos*. Barcelona: Ediciones del Serbal, 1994, p. 9.

estar-aí. Para antecipar, chamamos a este fundamento da diferença ontológica a transcendência do estar-aí (*Dasein*).[42]

Dessa forma, resta evidente que os pressupostos da hermenêutica filosófica ora apresentados devem servir como instrumentos do *des-velamento do ser*, no caso, do sentido da Constituição no Estado Democrático de Direito.

1.3.5. A hermenêutica filosófica como instrumento de ruptura

Em síntese, a partir dos pressupostos da Hermenêutica Filosófica, é possível entender o processo de compreensão como um existencial, como um modo-de-ser do intérprete, inserido em sua tradição, com seus preconceitos e pré-juízos.

A Hermenêutica Filosófica, não nega os pré-juízos do intérprete, com o intuito de torná-lo imparcial. Pelo contrário, entende os pré-juízos como condições de possibilidade da compreensão. Todavia, esses pré-juízos devem ser colocados à prova, quanto a sua autenticidade. Nesse sentido, surge a idéia Gadameriana da consciência histórico-efeitual, da fusão de horizontes e do distanciamento temporal. No dizer de Gadamer, "o intérprete encontra-se suspenso entre o seu pertencimento a uma tradição e a sua distância com relação aos objetos que constituem o tema de suas pesquisas".[43]

Ao lado desses pressupostos, a Hermenêutica Filosófica utiliza-se dos postulados da diferença ontológica e do círculo hermenêutico, enfatizando a diferença entre o ser e o ente, ampliando a possibilidade de sentidos e atribuindo caráter produtivo à interpretação, na busca do des-velamento do ser.

Dessa maneira, partindo-se do pressuposto da diferença ontológica entre ser e ente e adotando a noção de consciência histórico-efeitual proposta por Gadamer, entende-se que para o des-velamento do ser – no caso, do sentido do Estado Democrático de Direito – deve-se analisar o que trazem os legados da tradição, realizando um diálogo entre o que o passado nos traz, buscando não cair nas armadilhas do historicismo. No dizer de Rui Sampaio da Silva, a hermenêutica tem

---

[42] HEIDEGGER, Martin. *A essência do fundamento*. Lisboa: Edições 70, p. 26-28.

[43] GADAMER, Hans-Georg. *O problema da consciência histórica*. Rio de Janeiro: Fundação Getúlio Vargas, 1998, p. 66.

um caráter paradigmático, pois, tal como no caso da compreensão da lei, só compreende um texto quem for capaz de o aplicar à sua situação. "O sentido do texto não só é indissociável do horizonte do intérprete, como além disso é enriquecido ao longo das interpretações a que é sujeito".[44] Nesse processo de interpretação, o tempo passa a ser condição de possibilidade na busca do des-velamento do ser do ente.[45]

É dessa forma que, a partir dos pressupostos da hermenêutica filosófica, é possível ao intérprete denunciar os pré-juizos inautênticos, romper com os pressupostos da hermenêutica clássica calcada no paradigma liberal-individualista e na filosofia da consciência, buscando desobjetificar e atribuir sentido ao Estado Democrático de Direito.

---

[44] SILVA, Rui Sampaio da. Gadamer e a herança Heideggeriana. *Revista Portuguesa de Filosofia*, 56, 2000, p. 528.

[45] Streck sintetiza com percuciência essa postura da Hermenêutica Filosófica, ao afirmar que "se, fenomenologicamente, as coisas são, mas não existem no sentido de sua existência (para Heidegger, existência não significa simplesmente ser real: as pedras, e mesmo Deus, não tem existência no sentido do termo; somente se interpretando os seres existem); se somente o homem existe, sendo que a existência é um poder ser, no qual as coisas são utilizadas como instrumento; se é possível, a partir de Heidegger, dizer que o homem compreende as coisas quando descobre para que servem e compreende a si próprio quando descobre o poder ser; se sempre chegamos a algo como algo, isto é, a linguagem traz em si um duplo elemento, o elemento lógico-formal que manifesta as coisas na linguagem, e o elemento prático de nossa experiência de mundo anterior à linguagem, mas que não se expressa senão via linguagem, e este elemento é o como e o logos hermenêutico; se não existe experiência sem que seja medida pela linguagem; se o mundo é o conjunto ordenado de tudo aquilo que tem nome, e o que existe para o homem tem um nome. E aquilo que não tem nome não existe, não pode ser pensado, não existe como tal, repetindo-se o enigma na origem do discurso humano no fenômeno da temporalidade do ingresso do homem no ser (no princípio era o verbo), o sendo, pois, a linguagem a poesia primordial, no qual o povo diz o ser; se é fato que algo ocorre, mesmo que disso não saibamos, de um ponto de vista fenomenológico só existirá a partir do momento que dessa fato tivermos ciência, e como o mundo é cenário para o homem, se nenhum sujeito se antepõe a um cenário, esse cenário provavelmente não existe, mesmo porque, se existir, quem o saberá?; se, finalmente, isto significa dizer que o mundo existe independente de nós e de nosso conhecimento; então é razoável afirmar que o caráter crítico da hermenêutica exsurge justamente da transformação que ocorre no mundo a partir de sua interpretação/nomeação". STRECK, Lenio Luiz. *Hermenêutica Jurídica em Crise*: uma exploração hermenêutica da construção do Direito. Porto Alegre: Livraria do Advogado, 2004, p. 227-228.

Em verdade, o que se propõe, com a referida matriz teórica, é o que Heidegger denomina, na obra "O que é metafísica", como Sacrifício:

O sacrifício é a despedida do ente em marcha para a defesa do favor do ser. O sacrifício pode, sem dúvida, ser preparado e servido pelo agir e produzir na esfera do ente, mas jamais pode ser por ele realizado. Sua realização emana da in-sistência a partir da qual todo homem historial age – também o pensamento essencial é um agir – protegendo o ser-aí instaurado para a defesa da dignidade do ser. Esta in-sistência é a impossibilidade que não permite que seja contestada a oculta disposição para a despedida própria de cada sacrifício. O sacrifício tem sua terra natal na essência daquele acontecimento que é o ser chamando o homem para a verdade do ser. É por isso, que o sacrifício não admite cálculo algum pelo qual seria calculada sua utilidade ou inutilidade, sejam os fins visados mesquinhos ou elevados. Tal cálculo desfigura a essência do sacrifício.[46]

A postura que se procura estimular, obviamente, gera um inicial desconforto. A condição de dominação torna o caminho da adesão ao paradigma vigente mais confortável. Todavia, o operador do direito contemporâneo deve buscar novas soluções, colocando em dúvida as respostas prontas do *establishment*, levando em conta que a dogmática apresenta-se inadequada para a solução dos conflitos da contemporaneidade.

---

[46] HEIDEGGER, Martin. *Que é metafísica*. São Paulo: Livraria Duas Cidades, 1969, p.56.

2. A aplicação dos pressupostos da hermenêutica filosófica para o necessário rompimento com o paradigma liberal-individualista e o des-velar do Estado Democrático de Direito

2.1. A necessária consciência histórico-efeitual para a compreensão do surgimento do Estado Liberal e de seus institutos

A Idade Média, período histórico que antecedeu à formação dos Estados Nacionais, foi um período marcado por turbulências e incertezas, tendo como características a forte intervenção por parte da Igreja, a fragmentação política, a organização social em estamentos, o que resultou na corrupção das instituições e na exploração econômica. Como imperativo para o desenvolvimento da economia fazia-se necessária a centralização do poder, que foi alcançada através do Estado Absolutista, o qual, na lição de Matteucci:

> puede ser definido como el monopolio de la fuerza que actúa sobre tres planos: jurídico, político, sociológico. Sobre el plano jurídico, con la afirmación del concepto de soberanía que confía al Estado el monopolio de la producción de las normas jurídicas, por lo que no existe un derecho vigente por encima del Estado que pueda limitar su voluntad. Sobre el plano político el Estado absoluto intenta absorber toda zona ajena a su poder de intervención y control, e impone uniformidad legislativa y administrativa contra toda forma de particularismo. Esto significa la destrucción del pluralismo orgánico propio de la sociedad corporativa estamental.[47]

---

[47] MATTEUCCI, Nicola. *Organización del poder y libertad*. Madrid: Trotta, 1998, p. 34.

Dessa forma, com o Estado Absoluto inicia-se um processo de centralização do poder político, encerrando a fase do pluralismo medieval. Todavia, não havia sido realizada uma ruptura com o pensar medieval, eis que a sociedade ainda continuava dividida em estamentos e caracterizada por privilégios. Como passo seguinte às Monarquias Absolutas, percebeu-se a necessidade de limitar o poder dos soberanos, que se dá através das Revoluções que estão ligadas ao nascimento do Constitucionalismo. Assim, fica claro que o pensamento racional-iluminista teve proeminente importância, mormente na limitação do poder e na teorização dos Direitos Fundamentais. No dizer de Sarlet:

> A história dos direitos fundamentais é também uma história que desemboca no surgimento do moderno Estado Constitucional, cuja essência e razão de ser residem justamente no reconhecimento e na proteção da dignidade da pessoa humana e dos direitos fundamentais do homem. Neste contexto, há que dar razão aos que ponderam ser a história dos direitos fundamentais, de certa forma (e, em parte, poderíamos acrescentar), também a história da limitação do poder.[48]

Nesse sentido, a Revolução Francesa que, por excelência, disseminou princípios liberais, teve como pré-ocupações o rompimento definitivo com a ordem estamental medieval e a criação de condições que possibilitassem o desenvolvimento da economia e do progresso econômico da burguesia nascente. De acordo com o pensamento da época, o homem medieval estava preso à hierarquização e aos mitos. Dessa forma, o pensar da modernidade direcionava-se no sentido de que cabia à razão e à ciência o papel de autonomizar o homem.

Aliando tais pressupostos, na modernidade, a postura metafísica permaneceu firmada na racionalidade como fundamento último, buscando transportar para as ciências sociais a mesma pretensão metodológica das ciências exatas. Tal legado do pensamento científico moderno, por meio da valorização da abstração e da crença na busca pela verdade através de procedimentos lógico-formais, Heidegger denominou de fascínio pela técnica.[49]

---

[48] SARLET, Ingo Wolfgang. *A Eficácia dos Direitos Fundamentais*. Porto Alegre: Livraria do Advogado, 2003, p. 39.

[49] Na percuciente análise de Ohlweiler, "a técnica ameaça não apenas o homem, mas sobretudo a verdade e o desvelamento do próprio ser". Continua, comentando o pensamento de Heidegger, informando que "para o filósofo, o domínio da estrutura do dispositivo ameaça com a possibilidade de que ao homem possa ser negado entrar em um fazer sair o oculto mais originário, sendo-lhe retirada a possibilidade

Na análise de Giuseppe Duso:

> Surge a necessidade de uma nova forma de saber, que edifique a sociedade através de uma racionalidade que supere as diversas opiniões sobre a justiça e seja aceita por todos; no âmbito ético é preciso, então, desenvolver uma ciência que mostre os mesmo caracteres de certeza da geometria. Assim, com Hobbes, inaugura-se uma nova ciência, que tem por base a tarefa da dedução de uma forma política que garanta a paz e a ordem na vida social. É a temporada o jusnaturalismo moderno (...).[50]

Ainda é necessário enfatizar o importante papel desempenhado pelos filósofos jusnaturalistas, que colaboraram por apresentar um fundamento racional para o poder político, iniciando, dessa maneira, um processo de laicização do Estado. Na análise de Fioravanti:

> la edad moderna – desde el iusnaturalismo del siglo XVII a las declaraciones revolucionarias de derecho y, mas allá, hasta el Estado de derecho y el Estado democrático – es la edad de los derechos individuales y del progresivo perfeccionamiento de su tutela, precisamente porque es la edad de la progresiva destrucción del medioevo y del orden feudal y estamental del gobierno y de la sociedad.[51]

Pode-se dizer que a grave questão social, aliada à necessidade da burguesia de conquistar poder político, foi o estopim responsável pela irrupção da Revolução Francesa. Como amparo doutrinário, fazia parte do ideário dos revolucionários o pensamento jusracionalista, que propunha a igualdade entre os homens, unicamente por sua qualidade intrínseca de seres humanos.

O Estado Liberal, nessa trilha, evidenciou-se como o espaço de reconhecimento de direitos fundamentais, hoje classificados como "direitos fundamentais de primeira dimensão". É importante ressaltar, que é a partir desse período histórico que se enfatiza a existência de direitos individuais, procurando libertar o indivíduo de uma concepção que não o considerava particularmente, mas somente enquanto parte de determinado estamento. Essa postura reflete uma clara intenção de autonomização do indivíduo, como informa Matteucci:

---

de experenciar a exortação de uma verdade mais inicial. A técnica é a época do extremo esquecimento do ser" OHLWEILER, Leonel. *A pergunta pela técnica e os eixos dogmáticos do direito administrativo*: algumas repercussões da fenomenologia hermenêutica. Porto Alegre: Livraria do Advogado, 2005, p. 4.

[50] DUSO, Giuseppe. *O poder: História da Filosofia Política Moderna*. Petrópolis: Vozes, 2005, p. 111.

[51] FIORAVANTI, Maurizio. *Los derechos fundamentales*. Madrid: Trotta, 2000, p. 35.

Con el Estado constitucional los liberales heredaron también la concepción individualista y antropocéntrica que a través de distintas experiencias culturales se había afirmado desde el Humanismo hasta la ilustración, y que rompía con la concepción orgánica de la sociedad, anclada en la rígida jerarquía de la gran cadena del ser, que encerraba al individuo en su status y lo habituaba a acciones repetitivas. El individuo, desligado de la tradición, liberado del mito y de los idola, emancipado del dogma, debía ocupar-se sólo – en una sociedad liberada de los vínculos corporativos – del propio perfeccinamento intelectual y moral; y, a través de la nuevo razón – una razón que no conoce la esencia de las cosas sino que transforma el mundo – empeñarse en la realización del regnum hominis, utilizando la naturaleza en provecho propio y construyendo la sociedad según sus dictados.[52]

Os Direitos Fundamentais surgidos nessa fase tratam-se, dessa forma, de direitos exercidos em face do Estado, denominadas *liberdades individuais* ou *negativas*. Incluem-se nesse rol, entre outros, os direitos à vida, à liberdade e à igualdade. No dizer de Sarlet:

Os direitos fundamentais, ao menos no âmbito de seu reconhecimento nas primeiras Constituições escritas, são o produto peculiar (ressalvado certo conteúdo social característico do constitucionalismo francês), do pensamento liberal-burguês do Século XVIII, de marcado cunho individualista, surgindo e afirmando-se como direitos do indivíduo frente ao Estado, mas especificamente como direitos de defesa, demarcando uma zona de não-intervenção do Estado e uma esfera de autonomia individual em face de seu poder. São, por este motivo, apresentados como direitos de cunho "negativo", uma vez que dirigidos a uma abstenção, e não a uma conduta positiva por parte dos poderes públicos, sendo, neste sentido, "direitos de resistência ou de oposição perante o Estado.[53]

Cabe salientar, todavia, que não houve, por parte da Revolução, a preocupação de materializar tais direitos, que permaneceram como um ideário, como direitos apenas formalmente admitidos. É nesse sentido que a questão social não foi objeto da revolução. A respeito da questão social nas revoluções, em especial na Revolução Francesa, analisa com percuciência Hannah Arendt que:

Nenhuma revolução jamais resolveu a "questão social", libertando os homens do estado de necessidade, mas todas as revoluções, à exceção da Revolução Húngara de 1956, seguiram o exemplo da Revolução Francesa, e usaram e malbara-

---

[52] MATTEUCCI, Nicola. *Organización del poder y libertad*. Madrid: Editorial Trotta, 1998, p. 260.

[53] SARLET, Ingo Wolfgang. *A Eficácia dos Direitos Fundamentais*. Porto Alegre: Livraria do Advogado, 2003, p. 51.

taram as poderosas forças da miséria e da penúria, em sua luta contra a tirania e a opressão.[54]

Em suma, como fruto da limitação do poder dos soberanos, chega-se ao denominado Estado Liberal, surgido, nesse sentido, como a materialização dos desejos da burguesia da época, visando a criar condições de possibilidade para o desenvolvimento da economia. Como o objetivo era ultrapassar a indeterminação do medievo, a palavra "segurança" pode ser considerada o ponto principal das teorizações da modernidade. O preâmbulo da Constituição Francesa de 1793 procurou conceituar a segurança almejada nesse período epocal, consagrando que "a segurança consiste na proteção conferida pela sociedade a cada um de seus membros para conservação de sua pessoa, de seus direitos e de suas propriedades".

Na teorização do Estado Liberal, resta evidente a relação dicotômica entre Estado e Sociedade.[55] O Estado passa a ser visto com um ente abstrato, artificial, fruto da racionalidade, que deveria garantir segurança à sociedade. Trata-se o Estado (como é perceptível

---

[54] ARENDT, Hannah. *Da Revolução*. São Paulo: Ática, 1988, p. 88-89.

[55] García-Pelayo informa que "Una de las características del orden político liberal era no solo la distinción, sino la oposición entre Estado y sociedad, a los que se concebía como dos sistemas con un alto grado de autonomía, lo que producía una inhibición del Estado frente a los problemas económicos y sociales, sin perjuicio de las medidas de política social y económica que hemos denominado como factorializadas. (...) El Estado era concebido como una organización racional orientada havia ciertos objetivos y valores y dotada de estructura vertical o jerárquica, es decir, construida primordialmente bajo relaciones de supra y subordinación. Tal racionalidad se expresaba capitalmente en leyes abstractas (en la medida de lo posible sistematizadas en códigos), en la división de poderes como recurso racional para la garantía de la libertad y para la diversificación e integración del trabajo estatal, y en una organización burocrática de la administración. Sus objetivos y valores eran la garantía de la libertad, de la convivencia pacifica, de la seguridad y de la propiedad, y la ejecución de los servicios públicos, fuera directamente, fuera en régimen de concesión. La sociedad, en cambio, era considerada una ordenación, es decir, como un orden espontáneo dotado de racionalidad, pero no de una racionalidad previamente proyectada, sino de una racionalidad inmanente, que se puede constatar y comprender – puesto que la razón humana subjetiva es isomórfica con la constitución de la razón objetiva, del logos de las cosas – una racionalidad expresada en leyes económicas y de otra índole, más poderosas que cualquier ley jurídica, y una racionalidad, en fin, no de estructura vertical o jerárquica, sino horizontal y sustentada capitalmente sobre relaciones competitivas, a las que se subordinaban las otras clases o tipos de relaciones". GARCÍA-PELAYO, Manuel. *Las transformaciones del Estado Contemporáneo*. Madrid: Alianza Editorial, 1982, p. 21-22.

em Hobbes) da contraposição à barbárie. É nesse sentido que García-Pelayo em análise informa que:

> El Estado, organización artificial, ni debía, ni a la larga podía, tratar de modificar el orden social natural, sino que su función habría de limitarse a asegurar las condiciones ambientales mínimas para su funcionamiento espontáneo y, todo lo más, as intervenir transitoriamente para eliminar algún bloqueo a la operacionalización del orden autorregulado de la sociedad. De este modo, el Estado y la sociedad eran imaginado como dos sistemas distintos, cada uno de límites bien definidos, con regulaciones autónomas y con unas mínimas relaciones entre si.[56]

Nesse ínterim, essa idéia de atribuir certeza e segurança, através da formulação de conceitos universais e da utilização de métodos, que permeará toda a construção doutrinária do Estado Liberal e o Direito moderno será um mecanismo do Estado para a consecução de tal objetivo.

2.2. A dogmática jurídica e seus institutos a serviço do estado liberal

Surgida para suprir as necessidades do nascente Estado Liberal, a Dogmática Jurídica tornou-se um meio de atribuir segurança às relações, através da aplicação do método dedutivo. Parte-se da idéia de que a lei (geral e abstrata), contemplaria todas as singularidades, bastando ao intérprete (dotado de imparcialidade), através de procedimento lógico-formal (método dedutivo), subsumir a vontade da lei ao caso concreto. Nesse sentido, o intérprete tinha papel meramente declaratório, ficando objetivamente vinculado àquele enunciado legal abstrato, que tinha a pretensão de conter a verdade e a solução aos casos singulares. No dizer de Ohlweiler:

> A Construção de um saber dogmático, forma esta assumida pelo Direito Moderno, apresenta como tendência fazer com que os operadores jurídicos exagerem no geral, no sistema de conceitos engenhosamente construídos e desprezem o particular, o individualizado. A conseqüência é o surgimento de uma racionalidade baseada em esquemas de subsunção lógica, não podendo responder aos problemas concretos da sociedade de hoje.[57]

---

[56] GARCÍA-PELAYO, Manuel. *Las transformaciones del Estado Contemporáneo.* Madrid: Alianza Editorial, 1982, p. 22.

[57] OHLWEILER, Leonel Pires. *Direito Administrativo em perspectiva*: os temos indeterminados à luz da hermenêutica. Porto Alegre: Livraria do Advogado, 2000, p.114.

A lei, portanto, é vista por intermédio de uma idéia abstrata, cujo sentido objetivo seria capaz, de fornecer a solução aos casos concretos. Segundo tal concepção, deixa-se à Constituição e aos princípios a ela inerentes a tarefa de suprir as lacunas, ou seja, uma posição de (mera) acessoriedade no ordenamento jurídico. Nesse sentido, a postura da Dogmática Jurídica acaba por inverter a ordem de interpretação, velando o sentido da Constituição.

Fiel aos postulados do Estado Liberal, a Dogmática Jurídica permanece calcada sob um fundamento da racionalidade última, onde o ordenamento jurídico é construído com pretensão de universalidade e completude.

É nesse ínterim que, sob a ótica da Hermenêutica Filosófica, a Dogmática Jurídica clássica padece do problema do esquecimento do ser. Tal concepção prima pela formulação de conceitos universais, valorizando a abstração. Criam-se conceitos e atribui-se aos operadores o papel de atribuir sentido aos fatos, de acordo com a subsunção de uma norma geral a um acontecimento particular. Os próprios Direitos Fundamentais de cariz liberal – as liberdades negativas – revelam-se um simulacro, na medida em que, em sua postura metafísica, não faz do Estado Liberal o compromisso pela sua substancialização. Dessa forma, não obstante os Direitos Fundamentais tenham sido reconhecidos, tratavam-se de mera formalidade, uma vez que inexistia compromisso, por parte do Estado, em sua efetivação.

Por outro lado, a partir da Revolução Francesa, revela-se a preocupação com a mantença das liberdades "conquistadas", que pode ser percebida no art. 2º da Declaração dos Direitos do Homem e do Cidadão de 1789:

> II – O objetivo de toda associação política é a conservação dos direitos naturais e imprescritíveis do homem; esses direitos são a liberdade, a propriedade, a segurança e a resistência à opressão.

Dessa forma, paralelamente ao reconhecimento formal dos primeiros Direitos Fundamentais, surge a preocupação com a sua conservação, até mesmo por uma imposição do princípio da segurança jurídica.

Nesse sentido, dada a concepção racionalista de Estado, fez-se mister, a criação de institutos jurídicos que protejam tais liberdades.

Tratam-se de criações da modernidade, a noção da divisão dos poderes, o princípio da legalidade, além de conceitos hoje presentes no cotidiano dos juristas, como os institutos do "direito adquirido", "ato jurídico perfeito" e "coisa julgada". Como salienta Antônio Francisco de Souza:

> a divisão de poderes constitui um princípio básico da estruturação do Estado, essencial a uma organização adequada ao estabelecimento e garantia tanto da soberania nacional, como dos direitos humanos. O art. 16 da Declaração Universal dos Direitos do Homem e do Cidadão consagrou o Princípio da divisão de poderes nos seguintes termos: "Toda a sociedade em que a garantia dos direitos não está assegurada, nem determinada a separação de poderes, não tem Constituição.[58]

A questão da estabilidade e da segurança, nesse sentido, não obstante estar presente na idéia de "conservação dos direitos naturais e imprescritíveis do homem", fica esquecida atrás de conceitos tecnificantes. Dito de outro modo: trata-se do esquecimento do ser.

Na verdade, na modernidade, ocorre o que a Hermenêutica Filosófica considera a "entificação" do ser. Cada um desses conceitos, entendidos como "entes", são incapazes de contemplar as multiplicidades de manifestações do ser, em virtude de sua própria limitação e finitude.

A forma que a Hermenêutica Filosófica procura ultrapassar tal impasse consiste em analisar a diferença ontológica entre ser e ente, (desconhecida pela metafísica): de um lado, tem-se o "ser", a idéia de que determinados direitos não podem ser tolhidos dos indivíduos, por um imperativo de segurança e estabilidade do ordenamento jurídico; de outro lado, tem-se os "entes" que se tratam dos conceitos tecnificantes, que por sua limitação não são capazes de abarcar as múltiplas significações de seu ser e, por isso, inadequados para a compreensão do fenômeno.

É nesse momento que a questão, já exposta, da "pergunta pela técnica" apresenta-se relevante. Na verdade, na Dogmática Jurídica não há o questionamento sobre o mérito da questão, ou seja, sobre os direitos que realmente devem ser protegidos; não faz parte de seu objeto tal questionamento. Para a dogmática jurídica, em face da lesão de determinado direito, a pergunta (metafísica) será: foi violado o instituto do "direito adquirido"? Trata-se, evidentemente, de con-

---

[58] SOUZA, Antônio Francisco de. *Fundamentos Históricos de Direito Administrativo.* Lisboa: I Editores, 1995, p. 155.

ceitos primordiais-fundantes, que irão definir quais direitos serão passíveis de supressão.

A crítica a esse pensamento tecnificante é que o mesmo leva ao aprisionamento do intérprete. Como informa com propriedade Ohlweiler:

> a principal característica da técnica é o perigo, e a libertação não quer dizer um abandono puro e simples das coisas técnicas, mas a modificação das nossas relações com ela. Esta atitude de dizer sim e não Heidegger denomina de serenidade. Resultado da serenidade, os entes não são compreendidos apenas do ponto de vista técnico, pois por meio da reflexão torna-se presente ser imprescindível a modificação na utilização das coisas e que tal não se dá sem-sentido.[59]

Nesse sentido, evidenciado o comprometimento da dogmática jurídica e de seus postulados que visam à manutenção do *status quo*, resta clara sua inadequação para resolver as necessidades que se apresentam na contemporaneidade. Warat assevera que:

> as metáforas de um iluminismo cativo de um ideal de progresso, como meta irrenunciável de nossa espécie, cedem ante o reconhecimento de crises inesperadas que alteram radicalmente as realidades em que vivemos. Crises que, ao afetar-nos, afetam, também, uma prolongada concepção da produção científica do conhecimento. Crises que recordam a necessidade de levar em conta a singularidade dos acontecimentos; a complexidade ecológica e os rumos do desejo.[60]

É em momentos de crise, em que o *establishment* e sua técnica se demonstram insuficientes para a resolução de questões cotidianas da sociedade, que se deve ousar, buscando sentidos adequados, realizando uma espécie de síntese entre um conhecimento originário (suspendendo os pré-juízos inautênticos) e as necessidades e especificidades do momento histórico presente.

Em suma, para uma adequada atribuição de sentido, a necessidade é de romper-se com o pensar tecnificante da dogmática jurídica, rumando a caminho do ser, abandonam-se as interpretações restritivas atribuídas aos institutos liberais, procurando atribuir sen-

---

[59] OHLWEILER, Leonel. *A pergunta pela técnica e os eixos dogmáticos do direito administrativo*: algumas repercussões da fenomenologia hermenêutica. Porto Alegre: Livraria do Advogado, 2005, p. 5.

[60] WARAT, Luis Alberto. *Territórios desconhecidos*: a procura surrealista pelos lugares do abandono do sentido e da reconstrução da subjetividade. Florianópolis: Fundação Boiteux, 2004, p. 529-530.

tido contemporaneizado aos mesmos, rejeitando a tradição inautêntica que oculta o ser.

2.3. A evolução ao Estado Social e a incorporação do papel interventor

O Estado Liberal e as suas deficiências criaram as condições de possibilidade para o surgimento de uma nova concepção de Estado, pré-ocupada em materializar os direitos que somente haviam sido formalmente conferidos aos cidadãos. Trata-se, basicamente, do que ficou conhecido como "Estado Social".[61]

Nesse sentido, a idéia central é que o Estado Social trata-se de um novo paradigma, que busca superar as deficiências do Estado Liberal, assumindo o compromisso de materialização dos Direitos Fundamentais. Segundo Sarlet:

> O impacto da industrialização e os graves problemas sociais e econômicos que a acompanharam, as doutrinas socialistas e a constatação de que a consagração formal de liberdade e igualdade não gerava a garantia do seu efetivo gozo acabaram, já no decorrer do século XIX, gerando amplos movimentos reivindicatórios e o reconhecimento progressivo de direitos, atribuindo ao Estado comportamento ativo na realização da justiça social. A nota distintiva desses direitos é a sua dimensão positiva, uma vez que se cuida não mais de evitar a intervenção do Estado na esfera da liberdade individual, mas, sim, na lapidar formualção de C. Lafer, de propiciar um "direito de participar do bem-estar-social". Não se cuida mais, portanto, de liberdade do e perante o Estado, e sim de liberdade por intermédio do Estado.[62]

---

[61] Na análise de Streck, "a construção de um Estado como Welfare State está ligada a um processo histórico que conta já de muitos anos. Pode-se dizer que o mesmo acompanha o desenvolvimento do projeto liberal transformado em Estado do Bemestar social no transcurso das primeiras décadas do século XX. A história dessa passagem, de todos conhecida, vincula-se em especial na luta dos movimentos operários pela conquista de uma regulação para a convencionalmente chamada questão social. São os direitos relativos às relações de produção e seus reflexos, como a previdência e assistência sociais, o transporte, a salubridade pública, a moradia, etc., que vão impulsionar a passagem do chamado Estado Mínimo – onde lhe cabia tão só assegurar o não-impedimento do livre desenvolvimento das relações sociais no âmbito do mercado – para o Estado Intervencionista – que passa a assumir tarefas até então próprias da iniciativa privada". STRECK, Lenio Luiz. *Jurisdição Constitucional e Hermenêutica*: uma nova crítica do direito. 2ª ed. Rio de Janeiro: Forense, 2004, p. 55.

[62] SARLET, Ingo Wolfgang. *A Eficácia dos Direitos Fundamentais*. Porto Alegre: Livraria do Advogado, 2003, p. 52.

Para realizar tal ensejo, ocorre uma modificação radical na postura do Estado. Se no paradigma do Estado Liberal, seu papel era de índole absenteísta, caracterizado por atribuir liberdades ao cidadão, não interferindo na esfera particular, no paradigma do Estado Social, em face da pré-ocupação com a materialização dos direitos fundamentais – com a modificação do *status quo* – o Estado adquire forte cariz intervencionista. É o que informa García-Pelayo:

> El Estado social, por el contrario, parte de la experiencia de que la sociedad dejada total o parcialmente a sus mecanismos autorreguladores conduce a la pura irracionalidad y que sólo la acción del Estado hecha posible el desarrollo de las técnicas administrativas, económicas, de programación de decisiones, etc., puede neutralizar los efectos disfuncionales de un desarrollo económico y social no controlado. Por consiguiente, el Estado no puede limitarse a asegurar las condiciones ambientales de un supuesto orden social inmanente, ni a vigilar los disturbios de un mecanismo autorregulado, sino que, por el contrario, ha de ser el regulador decisivo del sistema social y ha de disponerse a la tarea de estructurar la sociedad a través de medidas directas o indirectas.[63]

Em face da materialização dos Direitos Fundamentais, através da intervenção do Estado na economia e da realização de políticas públicas, deixa de fazer sentido a dicotomia (metafísica) entre Estado e Sociedade, que se tratava do cerne da concepção liberal de Estado. Dessa forma, supera-se essa visão partida, uma vez que o Estado passa a ser o "locus" adequado de modificação do *status quo* através da realização dos Direitos Fundamentais. García-Pelayo aduz que:

> En resumen, Estado y sociedad ya no son sistemas autónomos, autorregulados, unidos por un número limitado de relaciones y que reciben y envían insumos y productos definidos, sino dos sistemas fuertemente interrelacionados entre sí a través de relaciones complejas, con factores reguladores que están fuera de los respectivos sistemas y con un conjunto de subsistemas interseccionados de lo que son muestra el cumplimiento de funciones estatales a través de empresas de constitución jurídica privada, la realización de importantes funciones públicas por vía de contrato, la presencia de representantes del sector privado en las comisiones estatales y en los loci de las decisiones, etc.[64]

Do ponto de vista do reconhecimento e da proteção dos Direitos Fundamentais, houve um significativo desenvolvimento a partir das teorizações do Estado Social. Se, por um lado, havia a preocupa-

---

[63] GARCÍA-PELAYO, Manuel. *Las transformaciones del Estado Contemporáneo*. Madrid: Alianza Editorial, 1982, p. 23.

[64] Idem, ibidem, p. 25.

ção de tornar efetivos os Direitos Fundamentais de primeira dimensão, conquistados no paradigma do Estado Liberal, por outro lado, visando suprir as deficiências do modelo anterior, o Estado Social buscou proporcionar, através de medidas interventivas, políticas de alcance social.

> Los valores básicos del Estado democrático-liberal eran la libertad, la propiedad individual, la igualdad, la seguridad jurídica y la participación de los ciudadanos en la formación de la voluntad estatal a través del sufragio. El Estado social democrático y libre no sólo no niega estos valores, sino pretende haberlos más efectivos dándoles una base y un contenido material y partiendo del supuesto de que individuo y sociedad no son categorías aisladas y contradictorias, sino dos términos en implicación recíproca de tal modo que no puede realizarse el uno sin el otro. Así, no hay posibilidad de actualizar la libertad si su establecimiento y garantías formales no van acompañadas de unas condiciones existenciales mínimas que hagan posible su ejercicio real; mientras que en los siglos XVIII e XIX se pensaba que la libertad era una existencia de la dignidad humana, ahora se piensa que la dignidad humana (materializada en supuestos socioeconómicos) es una condición para el ejercicio de la libertad.[65]

Na teorização do Estado Social, para que pudesse haver a materialização dos Direitos Fundamentais de primeira dimensão, fazia-se mister criar condições mínimas aos hipossuficientes. É nesse sentido que, paralelamente a regulação estatal da economia, surgem os denominados Direitos Fundamentais denominados de "Direitos de Segunda Dimensão". Na análise de García-Pelayo:

> La propiedad individual tiene como límite los intereses generales de la comunidad ciudadana y los sectoriales de los que participan en hacerla productiva, es decir, de los obreros y empleados. La seguridad formal tiene que ir acompañada de la seguridad material frente a la necesidad económica permanente o contingente a través de instituciones como el salario mínimo, la seguridad de empleo, la atención médica, etc. La seguridad jurídica y la igualdad ante la ley han de ser complementadas con la seguridad de unas condiciones vitales mínimas u con una corrección de las desigualdades económico-sociales. Y, en fin, la participación en la formación de la voluntad estatal debe ser perfeccionada con una participación en el producto nacional a través de un sistema de prestaciones sociales y con una participación en la democracia interna de las organizaciones y de las empresas a través de métodos como el control obrero, la cogestión o la autogestión.[66]

---

[65] GARCÍA-PELAYO, Manuel. *Las transformaciones del Estado Contemporáneo*. Madrid: Alianza Editorial, 1982, p. 26.

[66] Idem, ibidem.

É em meio a essa carga valorativa que se chega, na contemporaneidade, à idéia de Estado Democrático de Direito, que se apresenta como síntese dos modelos anteriores. Um paradigma, a partir do qual são protegidos direitos fundamentais individuais e sociais e onde o compromisso com a substancialização de tais direitos é o objetivo do Estado.

2.4. O Estado Democrático de Direito como síntese dos modelos anteriores e de como é necessário (re)pensar o modo-de-ser do direito contemporâneo

O Estado Democrático de Direito evidencia-se como a construção teórica mais elaborada no Constitucionalismo contemporâneo, como sendo uma síntese entre os dois modelos anteriores. Como informa Streck:

> Há uma garantia cidadã ao bem-estar pela ação positiva do Estado como afiançados da qualidade de vida do indivíduo. Todavia, algumas situações históricas produziram um novo conceito. O Estado Democrático de Direito emerge como um aprofundamento da fórmula, de uma lado, do Estado de Direito e, de outro do *Welfare State*. Resumidamente, pode-se dizer que, ao mesmo tempo em que se tem a permanência em voga da já tradicional questão social, há como que a sua qualificação pela questão da igualdade. Assim, o conteúdo deste se aprimora e se complexifica, posto que impõe à ordem jurídica e à atividade estatal um conteúdo utópico de transformação do *status quo*.[67]

Apresenta-se, todavia, um problema, quando se analisa a evolução do Estado nos países da América Latina[68] e no Brasil, em particular. Resta claro que as promessas do Estado Social não foram alcançadas (sequer buscadas) pelo Estado. Na verdade, as décadas de negligência estatal restaram por acarretar num aprofundamento da

---

[67] STRECK, Lenio Luiz. *Jurisdição Constitucional e Hermenêutica: uma nova crítica do direito*. 2ª ed. Rio de Janeiro: Forense, 2004, p. 56-57.

[68] Eduardo Galeano com sua pertinência analisa, no contexto da América Latina, a desigualdade social e o que chama de "subchilenos", cidadãos esquecidos pelo sistema. Nas suas palavras "En los barrios altos, vive como en Miami, se vive en Miami, se miamiza la vida, ropa de plástico, comida de plástico, gente de plástico, mientras los videos y las computadoras se convierten en las perfectas contraseñas de la felicidad. Pero cada vez son menos estos chilenos, y cada vez son más los otros chilenos, los subchilenos: la economía los maldice, la policía los corre y la cultura los niega". GALEANO, Eduardo. *El libro de los Abrazos*. Ciudad del México, Siglo Veintiuno Editores, 1994, p. 6.

desigualdade nos países periféricos, sentidos nos indicadores sociais internacionais, como analisa Streck:

> O que houve (há) é um simulacro de modernidade. Como muito bem assinala Eric Hobsbawn, o Brasil é um "monumento à negligência social", ficando atrás do Sri Lanka em vários indicadores sociais, como mortalidade infantil e alfabetização, tudo porque o Estado, no Sri Lanka, empenhou-se na redução das desigualdades. Ou seja, em nosso país, as promessas da modernidade ainda não se realizaram.[69]

Dessa maneira, mais do que nunca, faz-se mister a superação das dicotomias metafísicas, havendo o compromisso com a substancialização dos Direitos Fundamentais, através da transformação do *status quo.*

É nesse sentido que, em face do abismo que separa a realidade social das promessas da modernidade não cumpridas, a concepção tecnificante cede espaço à preocupação em materializar os Direitos Fundamentais. Nesse sentido, no paradigma do Estado Democrático de Direito, os Direitos Fundamentais – e não a técnica – passam a ter importante valor de integração na ordem jurídica:

> È justamente neste contexto que os direitos fundamentais passam a ser considerados, para além de sua função originária de instrumentos de defesa da liberdade individual, elementos da ordem jurídica objetiva, integrando um sistema axiológico que atua como fundamento material de todo o ordenamento jurídico.[70]

O interessante é que, em meio às incertezas[71] que caracterizam a contemporaneidade, o Estado passa a ser o *locus* garantidor de uma certa estabilidade, sendo que a mantença da segurança passa a ser,

---

[69] STRECK, Lenio Luiz. *Jurisdição Constitucional e Hermenêutica*: uma nova crítica do direito. 2ª ed. Rio de Janeiro: Forense, 2004, p. 63.

[70] SARLET, Ingo Wolfgang. *A Eficácia dos Direitos Fundamentais*. Porto Alegre: Livraria do Advogado, 2003, p.66.

[71] "È justamente em face da instabilidade institucional, social e econômica vivenciada (e não estamos aqui em face de um fenômeno exclusivamente nacional), que inevitavelmente tem resultado numa maratona reformista, igualmente acompanhada por elevados níveis de instabilidade, verifica-se que o reconhecimento, a eficácia e a efetividade do direito à segurança cada vez mais assume papel de destaque na constelação dos princípios e direitos fundamentais. Que, além disso, a segurança jurídica não pode ser encarada por um prisma demasiadamente formal e não quer, também, significar a absoluta previsibilidade dos atos do Poder Público e a impossibilidade de sua alteração ...". Idem, A eficácia do direito fundamental à segurança jurídica: dignidade da pessoa humana, direitos fundamentais e proibição do retrocesso social no direito constitucional brasileiro. In: *Revista de Direito Social*, 14, 2004, p. 16.

gradativamente, considerada uma característica imanente[72] ao Estado de Direito. Nesse sentido:

> Não é por nada que o Tribunal Constitucional Federal da Alemanha, em recentíssimo julgado, reiterou o seu já consagrada entendimento sufragando a idéia de que a segurança jurídica constitui um dos elementos nucleares do princípio do Estado de Direito, no sentido de que o particular encontra-se protegido contra leis retroativas que afetem os seus direitos adquiridos, evitando assim que venha a ter frustrada a sua confiança na ordem jurídica, já que segurança jurídica significa, em primeira linha, proteção de confiança, que, por sua vez, possui hierarquia constitucional (BverfGE= Coletânea Oficial das Decisões do Tribunal Constitucional Federal, v. 105,2002, p. 57).[73]

Além do mais, a segurança adquire caráter promotor de dignidade da pessoa humana, na medida em que a manutenção de certa estabilidade, por parte do Estado, garante ao cidadão a confiança nas instituições, restando por influir positivamente na sociedade e, por fim, por auxiliar na consecução dos objetivos do Estado. Nesse sentido:

> A dignidade não restará suficientemente respeitada e protegida em todo o lugar onde as pessoas estejam sendo atingidas por um tal nível de instabilidade jurídica que não estejam mais em condições de, com um mínimo de segurança e tranqüilidade, confiar nas instituições sociais e estatais (incluindo o Direito), e numa certa estabilidades das suas próprias posições jurídicas.[74]

Dessa forma, a maneira como, no Estado Democrático de Direito, é tutelada a segurança e a estabilidade do sistema, há que ser diferente dos postulados liberais. Não há duvida que a idéia de proibir o retrocesso dos Direitos Fundamentais, como um imperativo de segurança e estabilidade do ordenamento encontra simpatia por parte da doutrina. A problemática encontra-se em atribuir sentido e alcance a essa assertiva, já que os operadores do direito ainda en-

---

[72] No mesmo sentido observa Sarlet: "Certo é que havendo, ou não, menção expressa a um direito à segurança jurídica, de há muito tempo, pelo menos no âmbito do pensamento constitucional contemporâneo, se enraizou a idéia de que um autêntico Estado de Direito é sempre também – pelo menos em princípio e num certo sentido – um Estado de segurança jurídica, já que, do contrário, também o "governo das leis" (até pelo fato de serem expressão da vontade política de um grupo) poderá resultar em despotismo e toda a sorte de iniqüidades". Idem, In: *Revista de Direito Social*, 14, 2004, p. 13.

[73] Idem, ibidem.

[74] Idem, ibidem, p. 18.

contram-se arraigados ao paradigma liberal-individualista e a uma anacrônica leitura dos postulados da modernidade.[75]

Dessa forma, constatado o anacronismo do modo-de-pensar o Direito, a partir do paradigma do Estado Liberal, evidenciam-se as crises resultantes dessa inadequação. É nesse sentido que se fala em uma *crise de dupla face*.

De um lado, apresenta-se *a crise da filosofia da consciência*, ligada à idéia de um intérprete imparcial, cujo conhecimento é baseado na utilização de procedimentos lógico-formais. Trata-se da ilusão de que o intérprete poderia colocar-se "fora-do-mundo", no sentido de obter uma compreensão imparcial dos fenômenos.

De outro, *a crise do paradigma liberal-individualista*, relacionado com uma hermenêutica de bloqueio que traz como conseqüência a diminuição de eficácia dos dispositivos constitucionais. Em face de não estar presente no Estado Liberal a modificação do *status quo*, mas, somente a manutenção de condições favoráveis ao desenvolvimento da economia, tal paradigma demonstra-se inadequado às finalidades do Estado Democrático de Direito, de índole intervencionista. Um dos graves problemas gerados por tal concepção é que se deixa à Constituição e aos princípios a ela inerentes a tarefa de suprir as lacunas, ou seja, uma posição de (mera) acessoriedade no ordenamento jurídico. Todavia, como no Estado Democrático de Direito a Constituição é o *locus* privilegiado da interpretação e seu modo-de-ser vincula o Estado, a dogmática jurídica acaba por inverter a ordem de interpretação, velando o sentido da Constituição.

---

[75] Sarlet analisa que: "A segurança jurídica, na sua dimensão objetiva, exige um patamar mínimo de continuidade do (e, no nosso sentir, também no) Direito, ao passo que, na perspectiva subjetiva, significa a proteção da confiança do cidadão nesta continuidade da ordem jurídica, no sentido de uma segurança individual das suas próprias posições jurídicas. Que ambos os princípios implicam a proteção dos direitos adquiridos, do ato jurídico perfeito e da coisa julgada, constitui aspecto que, além de encontrar sustentação na doutrina, na jurisprudência e no direito constitucional positivo contemporâneo (ainda que em muitos casos de modo implícito) assume ares de obviedade e não tem merecido maior controvérsia, pelo menos em se tratando de Constituições de um Estado de Direito. O mesmo, todavia, não se pode afirmar em relação ao alcance dessa proteção, em que a controvérsia principia já no plano conceitual, visto que até hoje sequer existe consenso no concernente ao conceito e conteúdo da noção de direitos adquiridos". Idem, In: *Revista de Direito Social*, 14, 2004, p. 19.

Demonstradas as crises, deve-se asseverar que é em momentos de crise que se buscam novos sentidos. Vive-se um tempo em que o arcabouço jurídico não se demonstra adequado à solução dos litígios, que é sua função em uma sociedade complexa. É em momentos como o presente em que o operador do direito deve recorrer às fontes, em busca de uma interpretação autêntica.

Em suma, resta evidente que os primados da modernidade são inadequados para a interpretação do constitucionalismo nos dias de hoje. Nesse sentido é que se apresenta a contribuição da Hermenêutica Filosófica. O *des-velar* dos instrumentos que visam a garantir a segurança e a estabilidade no Estado Democrático de Direito faz-se através da consciência histórico-efeitual e da denúncia da tradição inautêntica, uma vez que ao serem denunciados os pré-conceitos são suspensos.[76] Como explica Ohlweiler, o objetivo da teorização de Gadamer não é propor evitar a presença dos juízos prévios, mas que o intérprete se dê conta do caráter da inevitabilidade, a fim de que possa percebê-los e controlá-los. "São os preconceitos não percebidos os que, com seu domínio, tornam surdos os intérpretes para a coisa de que lhes fala a tradição. Conseqüentemente, é importante o reconhecimento do caráter essencialmente preconceituoso de toda compreensão".[77]

Essa é tarefa do que Streck denomina de Nova Crítica do Direito:

> a tarefa de uma nova crítica do Direito (NCD) é, desse modo, compreender os pré-juízos "como" pré-juízos, enfim, a crise do Direito "como" crise do Direito, para, assim, construir as condições de possibilidade para a sua superação. Esse processo implica a fusão de horizontes entre o novo (Estado Democrático de Direito e suas

---

[76] Sobre a necessidade de ruptura com esse modelo, informa Streck da "necessidade de uma insurreição contra essa fala falada, que submerge o jurista em uma tradição inautêntica (no sentido hermenêutico-gadameriano. Essa fala falada decorre de uma *hermenêutica de bloqueio*, que impede que o novo – o sentido da Constituição que aponta para o resgate das promessas da modernidade – venha a tona". STRECK, Lenio Luiz. A Concretização de Direitos e a validade da tese da Constituição Dirigente em Países de Modernidade Tardia. In: *Diálogos Constitucionais Brasil Portugal*. Antônio José Avelãs Nunes e Jacinto Nelson de Oliveira Coutinho (Org.). Rio de Janeiro: Renovar, 2004, p.366.

[77] OHLWEILER, Leonel Pires. Os Princípios Constitucionais da Administração Pública a partir da Filosofia Hermenêutica: condições de possibilidade para ultrapassar o pensar objetificante. *Revista de Direito Administrativo e Constitucional*, Belo Horizonte, v. 18, p. 107-145, 2004.

conseqüências) e o velho (paradigma liberal-individualista). Para compreender esse problema, há que se ter em mente a metáfora da clareira. Ou seja, é necessário abrir uma clareira no interior do pensamento dogmático do Direito, para fincar as bases para a construção de um discurso que possa denunciar a crise, engendrada pelo sentido comum teórico (habitus), que não deixa de ser também um modo pelo qual se manifesta o ser do Direito, isto porque não se pode olvidar que o ser manifesta-se de vários modos. Ou seja, no velamento provocado pelo *habitus*, está o próprio velamento do sentido.[78]

2.5. O Estado Democrático de Direito: caminhos para superação das crises

Talvez "crise" seja a palavra mais comumente atrelada às questões da contemporaneidade. São crises de valores, de instituições, muitas vezes decorrentes da inadequação das anacrônicas fórmulas do passado para tratar de questões do presente. Como analisa Comparato:

Assistimos, pois, neste início do terceiro milênio da era cristã, à ruína dos grandes ideais, sobre os quais os países que lutaram contra a barbárie nazista erigiram a Organização das Nações Unidas. No discurso sobre o estado da União, pronunciado em 6 de janeiro de 1941, o Presidente Franklin D. Roosevelt advertiu que a segurança futura da humanidade dependia, fundamentalmente, de quatro grandes reivindicações libertárias, entre as quais se destacavam a libertação da penúria (*freedom from want*) e a libertação do medo (freedom from fear). Ora, raramente a humanidade, em seu conjunto, viu-se tão assolada por esses flagelos quanto o presente.[79]

Em meio a essa crise de valores e à incerteza quanto aos rumos da civilização ocidental, cabe referir que o progressivo reconhecimento de Direitos Fundamentais tem sido apontado como um fator de evolução da sociedade ocidental. O intérprete deve aperceber-se que há em nível global, intensa preocupação com a proteção e reconhecimento dos direitos fundamentais, como informa Bobbio:

Mesmo hoje, quando o inteiro decurso histórico da humanidade parece ameaçado de morte, há zonas de luz que até o mais convicto dos pessimistas não pode ignorar: a abolição da escravidão, a supressão em muitos países de suplícios que outrora acompanhavam a pena de morte e da própria pena de morte. É nessa zona de luz que coloco, em primeiro lugar, juntamente com os movimentos ecológicos e paci-

---

[78] STRECK, Lenio Luiz. *Jurisdição Constitucional e Hermenêutica*: uma nova crítica do direito. 2ª ed. Rio de Janeiro: Forense, 2004, p. 275.

[79] COMPARATO, Fábio Konder. *A afirmação histórica dos direitos humanos*. São Paulo: Saraiva, 2003, p. 531-532.

O Princípio da Proibição do Retrocesso Social

fistas, o interesse crescente de movimentos, partidos e governos pela afirmação, reconhecimento e proteção dos direitos do homem.[80]

É nesse sentido que, não obstante aos revezes da civilização ocidental, a crescente incorporação de Direitos Fundamentais evidencia a evolução moral do homem, sendo incabível que tais direitos, reconhecidos através de penosa evolução, venham a ser tolhidos. Como informa Bobbio,

> (...) os direitos do homem, por mais fundamentais que sejam, são direitos históricos, ou seja, nascidos em certas circunstâncias, caracterizadas por lutas em defesa de novas liberdades contra velhos poderes, e nascidos de modo gradual, não todos de uma vez e nem de uma vez por todas.[81]

O reconhecimento de tais direitos, que visam, em última análise, à consecução de condições para o exercício da democracia, demonstram-se imanentes ao que se denomina de Estado Democrático de Direito.

> Direitos do homem, democracia e paz são três momentos necessários do mesmo movimento histórico: sem direitos do homem reconhecidos e protegidos, não há democracia; sem democracia, não existem as condições mínimas para a solução pacífica dos conflitos.[82]

Nesse ínterim, o que se pretende demonstrar é que, no paradigma do Estado Democrático de Direito, em virtude à substancialização dos Direitos Fundamentais, desaparecem as dicotomias metafísicas e os conceitos ligados a uma hermenêutica de bloqueio que impede o "vir-a-ser" dos Direitos Fundamentais.

A idéia da modernidade, de proteger determinadas situações jurídicas debaixo do dogma do "Direito Adquirido" não pode resultar em ineficácia e retrocesso de direitos fundamentais. É dessa forma que a mantença da segurança e estabilidade que se pretende dar ao ordenamento não pode ser enclausurada em conceitos, como o fez a dogmática jurídica do Estado Liberal. Porém, para que seja ultrapassada essa postura metafísica, faz-se necessário um novo arcabouço teórico.

A partir da noção de diferença ontológica, proposta pela Hermenêutica Filosófica, percebe-se que "Direito Adquirido" se trata

---

[80] BOBBIO, Norberto. *A era dos direitos*. Rio de Janeiro: Campus, 1992, p. 54, 55.

[81] Idem, ibidem, p. 5.

[82] Idem, ibidem, p. 1.

de um ente. E, seguindo o pensamento de Heidegger, o ente só é em seu ser. Nesse sentido, uma vez que o fim colimado pelo Estado Democrático de Direito é a segurança e a estabilidade do ordenamento, visando à consecução dos objetivos do Estado, é assim que deve ser feita uma leitura contemporaneizada de "Direito Adquirido". Sustenta-se a idéia de que o instituto visa à consecução da segurança e estabilidade do ordenamento, em virtude de ser um princípio imanente ao Estado Democrático de Direito.

Dessa forma, o instituto do "Direito Adquirido" não deve ser visto como um "fim-em-si-mesmo", mas interpretado segundo os valores almejados pela República. Nesse sentido, como foi demonstrado, a análise do instituto no ordenamento jurídico deve primar pela garantia da dignidade da pessoa humana e pelos objetivos fundamentais da República Federativa do Brasil, constantes no art. 3º da Constituição Federal, quais sejam: "construir uma sociedade livre, justa e solidária; garantir o desenvolvimento nacional; erradicar a pobreza e a marginalização e reduzir as desigualdades sociais e regionais; promover o bem de todos, sem preconceitos de origem, raça, sexo, cor, idade e quaisquer outras formas de discriminação".

Pelo que foi exposto, evidencia-se claro que não é possível uma leitura da proteção aos Direitos Fundamentais ligada a uma anacrônica interpretação do instituto do "Direito Adquirido". Os princípios epocais da modernidade são incondizentes com o constitucionalismo da contemporaneidade, onde a Constituição é vista como instrumento que vista "constituir-a-ação" do Estado. É nesse sentido que a Hermenêutica Jurídica surge como um novo modo de conceber a Constituição e o Direito. Todavia, tal ruptura não se apresenta de maneira fácil ao operador do Direito. Considerar a interpretação como um existencial fere os primados de certeza, segurança e ordem erigidas a valores supremos pelo iluminismo e pela ciência moderna,[83] transportados ao Direito pela Dogmática Jurídica. Toda-

---

[83] Stein observa com propriedade que a razão, a ciência e a técnica modernas pretendiam, em nível de convívio da humanidade, a racionalidade democrática, a racionalidade da organização política, todavia, esses conteúdos não se transmitiram. Nas palavras de Stein, "a modernidade tem efeitos possíveis sobre os comportamentos exteriores, sobre formas de organizar a sociedade, etc., que criam a aparência de que a razão, a ciência, a técnica estão dando conta do imperativo da modernidade. Mas não se percebe que os conteúdos da modernidade, que propriamente eram a

via, essa é a tarefa do operador do Direito: rumar às fontes, em busca de uma interpretação autêntica e adequada às necessidades da contemporaneidade.

---

verdadeira razão, já afirmados desde o iluminismo, são os conteúdos de racionalidade em nível de convívio da humanidade, de racionalidade como manifestação democrática, de racionalidade como respeito aos direitos humanos, etc. Todo este conteúdo da modernidade não se transmitiu junto com a modernidade do ponto de vista puramente formal e exterior". STEIN, Ernildo. *Epistemologia e crítica da modernidade*, 3ª ed. Ijuí: Unijuí, 2001, p. 18.

Capítulo II

O princípio da proibição do retrocesso e o duplo viés do princípio da proporcionalidade

1. Elementos para a construção de uma teoria da Constituição adequada ao paradigma do Estado Democrático de Direito

Desde o advento do Estado Moderno, a Constituição vem sendo objeto de teorizações, que atribuem diversas características e alcance ao instrumento, que variam desde concepções baseadas no paradigma liberal-individualista, que vislumbram na Constituição um instrumento de manutenção do *status quo* e de reconhecimento de liberdades formais, até concepções contemporâneas, que entendem a Constituição como instrumento de transformação da realidade através da materialização dos direitos fundamentais.

Canotilho, ao discorrer sobre a Constituição, informa que não há uma teoria da constituição dominante, mas teorias adequadas a determinados modelos constitucionais. O ensinamento de Canotilho, nesse sentido, é que, em não havendo uma teoria absoluta, deve-se compreender que "uma Teoria da Constituição, se quiser ser de alguma utilidade para a metodologia geral do direito constitucional, deve revelar-se como uma teoria da constituição constitucionalmente adequada".[84] É nesse sentido que se impõe a análise das vicissitudes do modelo constitucional brasileiro, visando à construção de uma Teoria da Constituição adequada.

Ao abordar os *topoi* categoriais de uma teoria da constituição, Canotilho enfatiza a "historicidade da constituição", aduzindo que "um dos temas centrais da teoria da constituição é a sua 'localização

---

[84] CANOTILHO, Joaquim José Gomes. *Constituição Dirigente e Vinculação do Legislador*: Contributo para a compreensão das normas constitucionais programáticas Coimbra: Coimbra, 1994, p. 79.

temporal', a sua 'entrada no tempo', a sua 'abertura ao tempo', a sua 'historicidade'".[85]

Nesse sentido, ressalta Bercovici que:

A Constituição não pode ser entendida como entidade normativa independente e autônoma, sem história e temporalidade próprias. Não há uma Teoria da Constituição, mas várias teorias da Constituição, adequadas à sua realidade concreta. Peter Häberle, por exemplo, destaca a necessidade de se evitar o eurocentrismo e de compreender a especificidade da Teoria da Constituição nos países em desenvolvimento, destacando não existir uma solução pura, perfeita ou acabada.[86]

Dessa forma, uma necessária análise histórica do modelo constitucional brasileiro revela um constitucionalismo sujeito a sucessivos avanços e retrocessos. Carvalho, analisando o longo caminho da construção da cidadania no Brasil, percorre a história constitucional brasileira e traz importantes constatações. Com referência ao período imperial, informa que, do ponto de vista da cidadania, "a única alteração importante foi a abolição da escravidão, em 1888. A abolição incorporou os ex-escravos aos direitos civis. Mesmo assim, a incorporação foi mais formal do que real".[87] Dessa forma, a abolição da escravidão – evidenciada como o primeiro simulacro[88] relacionado à cidadania e aos direitos fundamentais – trata-se de uma chaga da sociedade brasileira, cujas consequências são percepctíveis, como analisa Carvalho:

As conseqüências da escravidão não atingiram apenas os negros. Do ponto de vista que aqui nos interessa – a formação do cidadão –, a escravidão afetou tanto o es-

---

[85] CANOTILHO, Joaquim José Gomes. *Constituição Dirigente e Vinculação do Legislador*. Idem, p. 131.

[86] BERCOVICI, Gilberto. Teoria do Estado e Teoria da Constituição na periferia do capitalismo: breves indagações críticas. In: *Diálogos Brasil-Portugal*. Rio de Janeiro: Renovar, 2004, p.265.

[87] CARVALHO, José Murilo de. *Cidadania no Brasil: o longo caminho*, 7ª ed., Rio de Janeiro: Civilização Brasileira, 2005, p. 17.

[88] Carvalho constata que "no Brasil, aos libertos não foram dadas nem escolas, nem terras, nem empregos. Passada a euforia da libertação, muitos ex-escravos regressaram a suas fazendas, ou a fazendas vizinhas, para retomar o trabalho por baixo salário. Dezenas de anos após a abolição, os descendentes de escravos ainda viviam nas fazendas, uma vida um pouco melhor do que a de seus antepassados escravos (...) As consequências disso foram duradouras para a população negra. Até hoje essa população ocupa posição inferior em todos os indicadores de qualidade de vida. É a parcela menos educada da população, com os empregos menos qualificados, os menores salários, os piores índices de ascensão social". Idem, ibidem, p. 52-53.

cravo como o senhor. Se o escravo não desenvolvia a consciência de seus direitos civis, o senhor tampouco o fazia. O senhor não admitia os direitos dos escravos e exigia privilégios para si próprio. A libertação dos escravos não trouxe consigo a igualdade efetiva. Essa igualdade era afirmada nas leis, mas negada na prática. Ainda hoje, apesar das leis, aos privilégios e arrogância de poucos correspondem o desfavorecimento e a humilhação de muitos.[89]

O período que se seguiu, até a Revolução de 1930, foi marcado pela concentração de poder centralizado nas oligarquias, na exploração da mão-de-obra (que agora, ao menos formalmente, deixava de ser escrava para ser "assalariada") e o mero reconhecimento formal da igualdade. Ante a inexistência material de Direitos Individuais, não se pode cogitar da realização de Direitos Sociais por parte do Estado nesse período.[90]

O Estado e o Constitucionalismo que surge após a Revolução de 1930 revela uma preocupação em criar Direitos Sociais, mormente relacionados à proteção ao trabalho e à aposentadoria. Tal tendência é evidenciada na elaboração da farta legislação trabalhista e previdenciária que se seguiu aos primeiros anos do governo de Getúlio Vargas. A superveniência do período ditatorial denominado de "Estado Novo" importou na restrição aos direitos individuais, mas marcou um período de forte intervenção estatal nas relações laborais, com destaque para a intervenção nos sindicatos. Com o fim da ditadura de Vargas, a Constituição de 1946 manteve os Direitos Sociais que, em verdade, constituíram-se em verdadeiros ideários, em virtude da ausência de compromisso do Estado com sua materialização[91] e da resistência das elites, que levou, em efetivo, ao aprofundamento das desigualdades.

---

[89] CARVALHO, José Murilo de. *Cidadania no Brasil: o longo caminho*, 7ª ed., Rio de Janeiro: Civilização Brasileira, 2005, p. 53.

[90] Carvalho esclarece, em relação a tal período que, "a grande maioria do povo tinha com o governo uma relação de distância, de suspeita, quando não e aberto antagonismo. Quando o povo agia politicamente, em geral o fazia como reação ao que considerava arbítrio das autoridades. Era uma cidadania em negativo, se se pode dizer assim. O povo não tinha lugar no sistema político, seja no Império, seja na República". Idem, ibidem, p. 83.

[91] Para Bercovici "O Estado brasileiro constituído após a Revolução de 1930, é portanto, um Estado estruturalmente heterogêneo e contraditório. É um Estado Social sem nunca ter conseguido instaurar uma sociedade de bem-estar: moderno e avançado em determinados setores da economia, mas tradicional e repressor em oba parte das questões sociais". BERCOVICI, Gilberto. Teoria do Estado e Teoria

Sintomaticamente, os direitos sociais quase não evoluíram durante o período democrático. Desde o final do Estado Novo, os técnicos da previdência buscavam, com o apoio de Vargas, unificar o sistema e expandi-lo para abranger toda a população trabalhadora. Mas eram grandes as resistências.[92]

A partir de 1964, o país mergulha em mais um período ditatorial que iria durar 21 anos. Como analisa Carvalho, "Houve retrocesso claros, houve avanços também claros, a partir de 1974 e houve situações ambíguas. Comecemos pela relação entre direitos sociais e políticos. Nesse ponto os governos militares repetiram a tática do Estado Novo: ampliaram dos direitos sociais, ao mesmo tempo em que restringiam os direitos políticos".[93]

A (re)democratização do país, em 1985, descerrou as cortinas da hipocrisia relacionada à efetivação dos Direitos Sociais.

Como conseqüência da abertura, esses direitos foram restituídos, mas continuaram beneficiando apenas uma parcela reduzida da população, os mais ricos e os mais educados. A maioria continuou fora do alcance da proteção das leis e dos tribunais. A forte urbanização favoreceu os direitos políticos, mas levou à formação de metrópoles com grande concentração de populações marginalizadas (...) A expansão do tráfico de drogas e o surgimento do crime organizado aumentaram a violência urbana e pioraram ainda mais a situação das populações faveladas (...) A precariedade dos direitos civis lançava sombras ameaçadoras sobre o futuro da cidadania, que, de outro modo, parecia risonho ao final dos governos militares.[94]

Nesse sentido, a Constituição de 1988, considerada em seu horizonte histórico, nasce como uma aspiração da sociedade à realização dos Direitos Fundamentais Sociais, como um instrumento compromissário, destinado a transformação da realidade social.

as maiores dificuldades na área social tem a ver com a persistência das grandes desigualdades sociais que caracterizam o país desde a independência, para não mencionar o período colonial (...). A desigualdade é, sobretudo, de natureza regional e racial. Em 1997, a taxa de analfabetismo no Sudeste era de 8,6%, no Nordeste, de 29,4% (...) O analfabetismo em 1997 era de 9% entre os brancos e de 22% entre os negros e pardos (...). A escandalosa desigualdade que concentra nas mãos de poucos a riqueza nacional tem como consequências níveis dolorosos de pobreza e

---

da Constituição na periferia do capitalismo: breves indagações críticas. In: *Diálogos Brasil-Portugal*. Rio de Janeiro: Renovar, 2004, p. 275.

[92] CARVALHO, José Murilo de. *Cidadania no Brasil: o longo caminho.*, 7ª ed. Rio de Janeiro: Civilização Brasileira, 2005, p. 152.

[93] Idem, ibidem, p. 190.

[94] Idem, ibidem, p. 194-195.

miséria. Tomando-se a renda de 70 dólares – que a Organização Mundial da Saúde (OMS) considera ser o mínimo necessário para a sobrevivência – como linha divisória de pobreza, o Brasil tinha, em 1997, 54% de pobres. A porcentagem correspondia a 85 milhões de pessoas, numa população total de 160 milhões.[95]

Inserida nesse contexto, a análise do preâmbulo da Constituição Federal demonstra a carga histórica presente no instrumento, que materializou a libertação de um regime ditatorial, e a promessa de instituição de um Estado Democrático, "destinado a assegurar o exercício dos direitos sociais e individuais, a liberdade, a segurança, o bem-estar, o desenvolvimento, a igualdade e a justiça como valores supremos de uma sociedade fraterna, pluralista e sem preconceitos, fundada na harmonia social e comprometida, na ordem interna e internacional, com a solução pacífica das controvérsias".

Partindo-se, nesse sentido, da análise de alguns fragmentos do texto constitucional, percebe-se que a Constituição da República determina, em seu art. 1º que "A República Federativa do Brasil, formada pela União indissolúvel dos Estados e Municípios e do Distrito Federal, constitui-se em Estado Democrático de Direito e tem como fundamentos: I- A soberania; II – a cidadania; III – a dignidade da pessoa humana; IV- os valores sociais do trabalho e da livre iniciativa; V- o pluralismo político".

Resta evidente que os fundamentos do Estado Democrático de Direito, nesse sentido, estão centralizados no exercício da cidadania que se consubstancia na atribuição de liberdades e na tutela da dignidade da pessoa humana. Além disso, o art. 3º informa que "constituem objetivos fundamentais da República Federativa do Brasil: I- Construir uma sociedade livre, justa e solidária; II – garantir o desenvolvimento nacional; III – erradicar a pobreza e a marginalização e reduzir as desigualdades regionais; IV – promover o bem de todos, sem preconceitos de origem, raça, sexo, cor, idade e quaisquer outras formas de discriminação". O conteúdo do referido artigo demonstra a existência de desigualdades e injustiças e o compromisso do Estado com sua transformação. Como enfatiza Bercovici:

> O artigo 3º da Constituição de 1988, além de integrar a fórmula política, também é, na expressão de Pablo Lucas Verdú, a "cláusula transformadora" da Constituição. A idéia de "cláusula transformadora" está ligada ao artigo 3º da Constituição italiana

---

[95] CARVALHO, José Murilo de. *Cidadania no Brasil: o longo caminho.*, 7ª ed. Rio de Janeiro: Civilização Brasileira, 2005, p. 207-208.

de 1947 e ao artigo 9º, 2, da Constituição espanhola de 1978. Em ambos os casos, a "cláusula transformadora" explicita o contraste entre a realidade social injusta e a necessidade de elimina-la. Deste modo, impedem que a Constituição considerasse realizado o que ainda está por se realizar, implicando na obrigação do Estado em promover meios para garantir uma existência digna para todos. A eficácia jurídica destes artigos, assim como a do nosso artigo 3º não é incompatível com o fato de que, por seu conteúdo, a realização destes preceitos tenha caráter progressivo e dinâmico e, de certo modo, sempre inacabado. Sua concretização não significa a imediata exigência de prestação estatal concreta, mas ma atitude positiva, constante e diligente do Estado. Do mesmo modo que os dispositivos italiano e espanhol mencionados, o artigo 3º da Constituição de 1988 está voltado para a transformação da realidade brasileira: é a "cláusula transformadora" que objetiva a superação do subdesenvolvimento.[96]

Nesse sentido, uma característica imanente ao Estado Democrático de Direito é o evidente compromisso com a transformação da realidade. Tal conclusão é reforçada pela constatação das freqüentes disposições, no sentido de que "A saúde é direito de todos e dever do Estado" (art. 196); "A educação, direito de todos e dever do Estado e da família" (art. 205). É cristalino que para realizar tais disposições constitucionais o Estado deve agir positivamente.

A atribuição de sentido ao Estado Democrático de Direito no Brasil perpassa, nesse sentido, pelo histórico de ineficiência dos poderes estatais em realizar os Direitos Fundamentais. Nesse sentido, as disposições constitucionais, devem indicar um vir-a-ser, um compromisso do Estado. Disso se demonstra o primeiro aspecto de uma Teoria da Constituição adequada ao modelo brasileiro. Uma Teoria da Constituição Compromissária, Dirigente e Vinculante dos poderes estatais.

Nessa trilha, inserida em tal horizonte histórico, a Constituição passa a ser um instrumento normativo que visa à transformação da realidade, apontando para realização dos Direitos Fundamentais. No dizer de Hesse:

> Em síntese, pode-se afirmar: a Constituição jurídica está condicionada pela realidade histórica. Ela não pode ser separada da realidade concreta de seu tempo. A pretensão de eficácia da Constituição somente pode ser realizada se levar em conta essa realidade. A Constituição jurídica não configura apenas a expressão de uma dada realidade. Graças ao elemento normativo, ela ordena e conforma a realidade

---

[96] BERCOVICI, Gilberto. *Desigualdades regionais, Estado e Constituição*. São Paulo: Max Limondad, 2003, p. 294-295.

política e social. As possibilidades, mas também os limites da força normativa da Constituição resultam da correlação entre ser (sein) e dever (sollen).[97]

A Constituição passa a ter força normativa,[98] em virtude da necessidade de instrumentos de implementação dos Direitos Fundamentais, incorporando um caráter de garantia da ordem jurídica e social. Como salienta Streck:

> A renovada supremacia da Constituição vai além do controle de constitucionalidade e da tutela mais eficaz da esfera individual de liberdade. Com as Constituições democráticas do século XX assume um lugar de destaque outro aspecto, qual seja, o da Constituição como norma diretiva fundamental, que dirige aos poderes públicos e condiciona os particulares de tal maneira que assegura a realização dos valores constitucionais (direitos sociais, direito à educação, à subsistência ou ao trabalho). A nova concepção de constitucionalismo une precisamente a idéia de Constituição como norma fundamental de garantia, com a noção de Constituição enquanto norma diretiva fundamental.[99]

A Constituição, dessa forma, inserida no paradigma do Estado Democrático de Direito requer uma mudança de atitude por parte dos operadores do Direito. Trata-se de um paradigma de diferenciação, onde a idéia de vigência não se confunde com a idéia de validade; texto não se confunde com norma. Trata-se de um paradigma em que a Constituição adquire força normativa, no sentido de vincular o próprio Estado e, em que, a ponderação dos Princípios Constitucionais é ponto de partida para dirimir conflitos.

É nesse ínterim que, no paradigma do Estado Democrático de Direito, a Constituição, entendida como pacto social, é o *locus* privilegiado da interpretação, cuja eficácia é irradiada a toda a atuação estatal. Não se trata da (mera) subsunção dos princípios constitucionais ao caso concreto, mas da compreensão que o intérprete deve

---

[97] HESSE, Konrad. *A força normativa da constituição*. Porto Alegre: Sergio Antonio Fabris Editor, 1991, p. 24.

[98] "Segundo o princípio da força normativa da constituição, na solução dos problemas jurídico-constitucionais deve dar-se prevalência a aos pontos de vista que, tendo em conta os pressupostos da constituição (normativa), contribuem para uma eficácia óptima da lei fundamental. Conseqüentemente, deve dar-se primazia às soluções hermenêuticas que, compreendendo a historicidade das estruturas constitucionais, possibilitam a 'actualização' normativa, garantindo, do mesmo pé, a sua eficácia e permanência". CANOTILHO, José Joaquim Gomes. *Direito Constitucional e Teoria da Constituição*, 7ª ed. Coimbra: Almedina, 2003, p. 1226.

[99] STRECK, Lenio Luiz. *Jurisdição Constitucional e Hermenêutica*: uma nova crítica do direito. 2ª ed. Rio de Janeiro: Forense, 2004, p. 101.

possuir do Estado Democrático de Direito em sua totalidade, fazendo com que os atos estatais e as políticas públicas passem pela devida *filtragem constitucional*,[100] como requisito de sua legitimidade. Os Direitos Fundamentais revestem-se de importância nesse processo, eis que sua compreensão deve fazer parte do modo-de-ser no mundo do intérprete, pois, devido a sua forte carga axiológica, irradia eficácia sobre todos os dispositivos constitucionais.[101]

Como enfatiza Bercovici:

> Para que a constituição seja dotada de força normativa, devemos entender a interpretação constitucional como concretização. A concretização da Constituição não pode ser confundida com a noção tradicional de mera subsunção do fato à norma ("aplicação do direito"). O conceito de concretização, aqui adotado, exposto por Friedrich Muller, não parte do pressuposto de que a norma existe previamente no caso particular, para cuja resolução seria, então, individualizada. No nosso caso, a concretização trata da construção da própria norma a partir do texto (regra de direito, texto oficial) este sim pré existente.[102]

A Constituição[103] passa a ser entendida, contemporaneamente, como a materialização do pacto social, como instrumento que visa a

---

[100] STRECK, Lenio Luiz. *Jurisdição Constitucional e Hermenêutica*: uma nova crítica do direito. 2ª ed. Rio de Janeiro: Forense, 2004, p. 77.

[101] Nesse sentido, assevera Sarlet que "os direitos fundamentais, como resultado da personalização e positivação constitucional de determinados valores básicos (daí seu conteúdo axiológico), integram, ao lado dos princípios estruturais e organizacionais (a assim denominada parte orgânica ou organizatória da Constituição), a substância propriamente dita, o núcleo substancial, formado pelas decisões fundamentais, da ordem normativa, revelando que mesmo num Estado constitucional democrático se tornam necessárias (necessidade que se fez sentir da forma mais contundente no período que sucedeu à Segunda Grande Guerra) certas vinculações de cunho material para fazer frente aos espectros da ditadura e do totalitarismo". Sarlet, Ingo Wolfgang. *A eficácia dos direitos fundamentais*. Porto Alegre: Livraria do Advogado, 2003, p. 66.

[102] BERCOVICI, Gilberto. *Desigualdades regionais, Estado e Constituição*. São Paulo: Max Limondad, 2003, p. 300.

[103] A Constituição faz parte do modo-de-ser do intérprete, que, conforme ensina Gadamer, pode ser autêntico ou inautêntico. Streck analisa que: "A tradição nos lega vários sentidos de Constituição. Contemporaneamente, a evolução histórica do constitucionalismo no mundo (mormente no continente europeu) coloca-nos à disposição a noção de constituição enquanto detentora de uma força normativa, dirigente, programática e compromissária, pois é exatamente a partir da compreensão desse fenômeno que poderemos dar sentido à relação Constituição-Estado-Sociedade no Brasil, por exemplo. Mais do que isso, é do sentido que temos de Constituição que dependerá o processo de interpretação dos textos normativos do

constituir, visa trazer à existência.[104] Nesse sentido, passa a ser condição de possibilidade para a consecução dos objetivos do Estado Democrático de Direito e do conteúdo transformador inerente a tal tipo de Estado. Ao contrário do Estado Liberal, o Estado Democrático de Direito busca a materialização dos Direitos Fundamentais. Nesse sentido, esclarece Fioravanti que:

> Pero más Allá de las características singulares de las constituiciones democráticas a la segunda guerra mundial, cabe desatar que en este momento historico se descubre en su conjunto la supremacía de la constituición, bien como máxima forma de garantia de los derechos y libertades, bien como norma directiva fundamental a seguir para la realización de los valores constitucionales.[105]

Pode-se assegurar, então, que o paradigma do Estado Democrático de Direito é, eminentemente transformador, promotor de liberdades, com a pré-ocupação de transformação do *status quo*. No Estado Democrático de Direito não há espaço para dicotomias (metafísicas) "Estado e Sociedade", "Público e Privado", uma vez que tais realidades se confundem no momento em que o Estado passa a ser o espaço para a consecução dos direitos fundamentais, devendo, além de protegê-los, implementá-los.[106]

---

sistema". STRECK, Lenio Luiz. A dupla face do princípio da proporcionalidade: da proibição de excesso (übermassverbot) à proibição de proteção deficiente (*untermassverbot*) ou de como não há blindagem contra normas penais inconstitucionais. In: *Revista da Associação dos Juízes do Estado do Rio Grande do Sul*, Ano XXXII, Março 2005, 97, p. 172.

[104] Nesse sentido Streck, analisando o pensamento de Ferrajoli, informa que: "A Constituição consiste, precisamente, no dizer de Ferrajoli, nesse sistema de regras, substanciais e formais, que têm como destinatários os mesmos titulares do poder. Sob este aspecto, as constituições não representam somente o complemento do Estado de Direito através da extensão do princípio da legalidade a todos os poderes, incluindo o legislativo; são também um programa político para o futuro, porque impõe a todos os poderes imperativos negativos e positivos como fonte de sua legitimação, porém também, e sobremodo, de deslegitimação. Poderia dizer-se que constituem utopias de direito positivo, que, ainda que não realizáveis completamente, estabelecem perfeitamente, enquanto Direito sobre Direito, as perspectivas de transformação do Direito mesmo em relação à igualdade nos direitos fundamentais." STRECK, Lenio Luiz. *Jurisdição Constitucional e Hermenêutica*: uma nova crítica do direito. 2ª ed. Rio de Janeiro: Forense, 2004, p. 100.

[105] FIORAVANTI, Maurizio. *Los Derechos Fundamentales*. Madrid: Editorial Trotta, 2000, p. 128.

[106] Ainda aduz Streck que "no paradigma instituído pelo Estado Democrático de Direito, parece não restar dúvidas de que houve uma alteração substancial no papel a ser desempenhado pelas constituições. Seus textos possuem determinações de

Dessa forma, evidenciado o compromisso com a transformação da realidade, mediante a realização dos Direitos Fundamentais, rechaçam-se as teorias procedimentalistas da Constituição, por entendê-las inadequadas ao modelo constitucional brasileiro. Como conclui Bercovici:

> As teorias processualistas da Constituição não são, portanto, constitucionalmente adequadas à Constituição de 1988. Não podemos limitar a compreensão da Constituição apenas ao seu aspecto formal, sem seus princípios e conteúdos materiais. Para uma Constituição com princípios e valores materiais, como a de 1988, não é aplicável a idéia de ser interpretada apenas do modo procedimental. A Constituição, ao contrário do que defendem as teorias procedimentais, não fixa apenas os meios, sem se comprometer com os fins. A Constituição fixa também os fins, como o desenvolvimento e a superação das desigualdades regionais, previstos no artigo 3º da nossa Constituição.[107]

O que se pretende demonstrar é a necessidade, no paradigma do Estado Democrático de Direito, da construção de uma Teoria material da Constituição e não processual. Como informa Bercovici, "a teoria material da Constituição tem que se preocupar, também, com o sentido, fins, princípios políticos e ideologia que conformam a Constituição, a realidade social da qual faz parte, sua dimensão histórica e sua pretensão de transformação".[108] Igualmente, pretende-se demonstrar que para a adequada atribuição de sentido à Constituição deve-se romper com o modo-de-pensar metafísico que permeia a interpretação dos operadores do direito:

> Com efeito, penso que a idéia de Constituição compromissário-programática, fruto de um pacto constituinte-constituidor das relações sociais e remédio contra maiorias, constitui-se em um rompimento radical com o paradigma constitucional anterior, de índole liberal-individualista, este sim calcado na filosofia do sujeito, na filosofia-do-sujeito-proprietário de mercadorias, com sua liberadade/capacidade de se "autodeterminar". A idéia de Constituição voltada para o resgate das promessas da

---

agir; suas normas possuem eficácia, já não sendo mais lícito desclassificar os sentidos exsurgentes desse *plus* normativo representado pela idéia de que a *Constituição constitui-a-ação do Estado*. Talvez aqui se encaixe uma frase seguidamente repetida por Eros Roberto Grau: no Estado Democrático de Direito, e tomado em conta o conteúdo da Constituição Brasileira de 1988, é proibido falar em normas programáticas". STRECK, Lenio Luiz. *Jurisdição Constitucional e Hermenêutica*: uma nova crítica do direito. 2ª ed. Rio de Janeiro: Forense, 2004, p. 103.

[107] BERCOVICI, Gilberto. *Desigualdades regionais, Estado e Constituição*. São Paulo: Max Limonad, 2003, p. 280-281.

[108] Idem, ibidem, p 287.

modernidade, redefinitória, portanto, da noção de Direito até então vigorante, constitui-se como um contraponto a uma lógica da coisificação, própria de um modelo de Direito sustentado no mercado, onde assume prevalência o individualismo.[109]

Tal consciência histórico-efeitual é o que Bercovici salienta, ao concluir:

> Deste modo, postulamos que a idéia de Constituição adequada ao constitucionalismo brasileiro guarda uma complexidade. Três modelos normativos são concorrentes: o liberal (direitos e garantias individuais e separação dos poderes), o social (direitos sociais, sistema previdenciário e ordem econômica) e o democrático (...) A história constitucional do Brasil é marcada por passagens truncadas, com avanços e recuos mútuos e complementares dos modelos liberal, social e democrático.[110]

Em resumo, na elaboração de uma Teoria da Constituição adequada à realidade brasileira, devem ser considerados tópicos pontuais pelo intérprete que deve: 1) ter-se em conta as vicissitudes do modelo constitucional brasileiro, marcado por séculos de dominação, inicialmente exercida pelos senhores em face dos escravos; posteriormente de uma pequena elite em face das grandes massas; 2) através desses pressupostos, buscar uma compreensão autêntica, através da consciência histórico-efeitual, denunciando os pré-juizos calcados em uma tradição liberal que permeia modo-de-ser dos intérpretes; 3) perceber o abismo estabelecido a realidade social e o texto constitucional, as promessas da modernidade não cumpridas; 4) compreender que para a consecução dos objetivos intrínsecos do Estado Democrático de Direito tal realidade necessita ser transformada; 5) por fim, dar-se conta de que a Constituição, entendida como um instrumento compromissário e dirigente passa a ser condição de possibilidade para cobrar-se do Estado uma atuação efetiva em favor da transformação social.

---

[109] STRECK, Lenio Luiz.*Jurisdição Constitucional e Hermenêutica*: uma nova crítica do direito. 2ª ed. Rio de Janeiro: Forense, 2004, p. 122.

[110] BERCOVICI, Gilberto. Teoria do Estado e Teoria da Constituição na periferia do capitalismo: breves indagações críticas. In: *Diálogos Brasil-Portugal*. Rio de Janeiro: Renovar, 2004, p. 286-287.

2. O dirigismo constitucional, resgate de promessas e direitos fundamentais

A tese do Dirigismo constitucional de Canotilho ganhou força no constitucionalismo nacional – notadamente em virtude do grande abismo que separa as promessas constitucionais da realidade social – servindo de base para a idéia de que o caráter transformador do Estado Democrático de Direito Brasileiro tem na Constituição sua condição de possibilidade.[111] Todavia, como observa Krell, Canotilho alterou sua concepção a respeito da teoria do Dirigismo Constitucional:

> Ultimamente, Canotilho revidou este seu posicionamento declarando-se agora adepto de um "constitucionalismo moralmente reflexivo" (U. Preuss) em virtude do "descrédito de utopias" e da "falência dos códigos dirigentes", que causariam a preferência de "modelos regulativos típicos da subsidiariedade", de "autodireção social estatalmente garantida". O "entulho programático" e as "metanarrativas" da Carta

---

[111] Streck cita Eros Grau que declara que "a Constituição do Brasil não é um mero 'instrumento de governo', enunciador de competências e regular de processos, mas, além disso, enuncia diretrizes, fins e programas a serem realizados pelo Estado e pela sociedade. Não compreende tão somente um 'estatuto jurídico do político', mas um 'plano global normativo' da sociedade e, por isso mesmo, do Estado brasileiro. Daí ser ela a Constituição do Brasil e não apenas a Constituição da República Federativa do Brasil. Os fundamentos e os fins definidos em seus artigos 1º e 3º. São os fundamentos e os fins da sociedade brasileira. Outra questão, diversa dessa, é a relativa a sua eficácia jurídica e social e sua aplicabilidade. De tal modo, o legislador está vinculado pelos seus preceitos, ainda que sob distintas intensidades vinculativas, conforme anotava Canotilho já na primeira edição de sua tese, ao cogitar genericamente dessa questão". STRECK, Lenio Luiz. A Concretização de Direitos e a validade da tese da Constituição Dirigente em Países de Modernidade Tardia. In: *Diálogos Constitucionais Brasil Portugal*. Antônio José Avelãs Nunes e Jacinto Nelson de Oliveira Coutinho (Org.). Rio de Janeiro: Renovar, 2004, p. 330.

Portuguesa, segundo ele, impediriam aberturas e alternativas políticas, tornando necessário "desideologizar" o texto constitucional. O modelo da Constituição Dirigente, hoje, também estaria imprestável perante a transformação de ordens jurídicas nacionais em ordens parciais, onde as constituições são relegadas para um plano mais modesto de "leis fundamentais regionais".[112]

Não obstante as recentes afirmações de Canotilho a respeito da *morte da tese da Constituição Dirigente*, entende-se que o jurista se baseia na experiência de Portugal[113] que, inserido no contexto da União Européia, deve adequar-se a suas diretrizes. Também cabe salientar que em Portugal existiu Estado Social (que permitiu a consecução de políticas públicas inexistentes no Estado Liberal), ao contrário do que ocorreu no Brasil, onde ainda existe uma enorme diferença entre o que está expresso no texto constitucional e o que sociedade vivencia. É nesse sentido que Streck apresenta a *Teoria da Constituição Dirigente para países de modernidade tardia*,[114] defendendo que a tese do dirigismo constitucional se encontra plenamente adequada à realidade brasileira, em que a Constituição é vista como mecanismo de resgate das promessas da modernidade. Como aduz Streck:

> De fato, concordo com Canotilho quando diz que a Constituição dirigente entendida como receita omnicompreensiva e totalizante não tem (mais) sustentação. A Consti-

---

[112] KRELL, Andreas. *Direitos sociais e controle judicial no Brasil e na Alemanha.* Porto Alegre: Sergio Antonio Fabris Editor, 2002, p. 68.

[113] Esclarece Krell que "essa mudança de visão se deve certamente à forte influência da doutrina nacional alemã e à situação social alterada de Portugal no seio do processo de integração econômica e política na União Européia, que proporcionou ao país uma prosperidade e estabilidade econômica e social jamais vivenciada antes, mas que definitivamente não é transferível, sem os devidos ajustes, ao sistema jurídico e social do Brasil". Idem, ibidem, p. 69.

[114] Streck propõe que "a idéia de uma teoria da constituição adequada a países de modernidade tardia implica uma interligação com a teoria do Estado, visando à construção de um espaço público, apto a implementar a constituição em sua materialidade (...) quando se fala em Constituição dirigente, não se está – e nem se poderia – sustentando um normativismo constitucional (revolucionário ou não) capaz de, por si só, operar transformações emancipatórias. O que permanece da noção de Constituição dirigente é a vinculação do legislador aos ditames da materialidade da Constituição, pela exata razão de que, nesse contexto, o Direito continua a ser um instrumento de implementação de políticas públicas". STRECK, Lenio Luiz. O papel da jurisdição constitucional na realização dos direitos sociais-fundamentais. In: *Direitos Fundamentais Sociais*: Estudos de Direito Constitucional, Internacional e Comparado. Ingo Wolfgang Sarlet (org.). Rio de Janeiro: Renovar, 2003, p. 194-195.

tuição dirigente não pode ser entendida como fundamento últmo, como ressurreição da sociedade ou como *ultima ratio*.[115]

O que se compreende é que, no contexto brasileiro, a Constituição – não deve ser vista como um fundamento objetificado[116] – mas como um instrumento que vise trazer à existência. Dessa forma, no contexto do Constitucionalismo brasileiro, a Constituição deve buscar a fundamentalidade material, pela qual se entende que "o conteúdo dos direitos fundamentais é decisivamente constitutivo das estruturas básicas do Estado e da Sociedade".[117]

Nesse sentido, Krell esclarece que:

Conforme disposto no § 1º do artigo 5º da Constituição Federal, as normas sobre Direitos Fundamentais são de aplicação imediata. Encontramos regulamentações semelhantes nas Cartas de Portugal (artigo 18/1) e da Alemanha (1, III), que certamente inspiraram a Constituinte nacional. Esse dispositivo serve para salientar o caráter preceptivo e não programático dessas normas, deixando claro que os Direitos Fundamentais podem ser imediatamente invocados, ainda que haja falta ou insuficiência da lei. O seu conteúdo não precisa ser necessariamente concretizado por uma lei; eles possuem um conteúdo que pode ser definido na própria tradição da civilização ocidental-cristã, da qual o Brasil faz parte (...) Em relação aos direitos sociais, o dispositivo de aplicação imediata ganha uma outra função, visto que estes devem ser tratados de maneira diferente dos direitos clássicos na defesa contra o poder estatal. Nesse contexto, o artigo 5º, § 1º impõe aos órgãos estatais a tarefa

---

[115] STRECK, Lenio Luiz. *Jurisdição Constitucional e Hermenêutica: uma nova crítica do direito*. 2ª ed. Rio de Janeiro: Forense, 2004, p. 123.

[116] Dessa forma, a Constituição não é vista com fundamento objetificado da ordem jurídica, mas como um instrumento que visa constituir, que visa dar direção. É nesse sentido que Streck esclarece: "Ou seja, depois da crítica à metafísica objetivista como fundamentação, não se pode pretender algum fundamento último, o qualquer modelo de fundamentação objetivista. Esse nível de transferência ligado a um modo prático de ser-no-mundo desde sempre operando na nossa compreensão, é o que legitima qualquer discurso no contexto da subjetividade, intersubjetividade, diálogo, etc."(...) "Compreendida como explicitação formal-material do pacto fundador, pressupõe-se que a própria noção de 'Constituição' tem um caráter discursivo, enquanto produto dessa intersubjetividade. A Constituição, nesse contexto, deve ser entendida enquanto um fundamento sem fundo, uma espécie de 'como se' (als ob). Seu fundamento não é objetivista e tampouco é uma instância superior (categoria). Esse fundamento (constitucional) que aqui se fala tem um caráter transcedental-existencial. O texto constitucional não é apreendido primeiramente como ser-objeto, e, sim, há um mundo circundante onde ocorre essa manifestação. Ele se dá como um acontecer (*Ereignen*)". Idem, ibidem, p. 125-126.

[117] CANOTILHO, Joaquim José Gomes. *Constitução dirigente e vinculação do legislador*. Coimbra: Coimbra Editora, 1994, p. 379.

de "maximizar a eficácia" dos Direitos Fundamentais Sociais e criar as condições materiais para a sua realização.[118]

Nesse sentido, da aplicação dos pressupostos da Hermenêutica Filosófica, percebe-se a necessidade de que o intérprete, através da consciência histórico-efeitual, suspenda seus pré-juízos que importem na inefetividade do texto constitucional, pois como assevera Streck "olhar o novo com olhos do velho, transforma o novo em velho".[119]

Nesse ínterim, compreender a Constituição em seu aspecto programático, com força normativa, dirigente e compromissária, importa no rompimento com o pensamento metafísico e com o paradigma liberal-individualista e o paradigma epistemológico da filosofia da consciência vigorantes na dogmática jurídica. Nesse sentido, para que a Constituição venha a ser instrumento de transformação – mister se faz a desobjetificação do instrumento, na busca do seu desvelar, de acordo com os novos paradigmas do Estado Democrático de Direito.

---

[118] KRELL, Andréas. *Direitos sociais e controle social no Brasil e na Alemanha*. Porto Alegre: Sergio Antonio Fabris Editor, 2002, p. 38.

[119] STRECK, Lenio Luiz. A dupla face do princípio da proporcionalidade: da proibição de excesso (*übermassverbot*) à proibição de proteção deficiente (*untermassverbot*) ou de como não há blindagem contra normas penais inconstitucionais. In: Revista da Associação dos Juízes do Estado do Rio Grande do Sul, Ano XXXII, Março 2005, 97.

3. A Constituição e os direitos fundamentais

A Constituição, nesse sentido, é erigida ao *locus* adequado de reconhecimento e proteção de Direitos Fundamentais no paradigma do Estado Democrático de Direito. Deve-se atentar que o Estado Democrático de Direito propõe-se em uma síntese aprimorada dos modelos constitucionais anteriores, ou seja, do modelo do Estado Liberal e do Estado Social. Se, por um lado, no paradigma do Estado Liberal, foram reconhecidas as liberdades denominadas negativas (Direitos Fundamentais de primeira geração), no paradigma do Estado Social foi conferido ao Estado um papel decididamente intervencionista, através das liberdades positivas (Direitos Fundamentais de segunda geração) que exigem, para sua consecução, um agir por parte do Estado.

Dessa forma, considerado o Estado Democrático de Direito como esta síntese de modelos, como um Estado que visa a proteger tanto o interesse individual quanto o coletivo, atenta-se para a dupla face dos Direitos Fundamentais, considerados como Direitos de Defesa e como Direitos a Prestações.

A proteção a tais direitos é tema ínsito na noção de Estado Democrático de Direito, como consecução do Princípio Democrático e da Cidadania. Se os direitos de defesa importam em que o Estado os reconheça como indivíduos e permita o exercício de seus direitos de cidadania, os direitos prestacionais demandam que o Estado, através de ações positivas, crie as condições para o exercício da cidadania, notadamente para os cidadãos que se encontram em posição mais vulnerável. Nesse sentido, informa Krell que:

Os Direitos Fundamentais Sociais não são direitos contra o Estado, mas sim direitos através do Estado, exigindo do poder público certas prestações materiais. São os Direitos Fundamentais do homem-social dentro de um modelo de Estado que tende cada vez mais a ser social, dando prevalência aos interesses coletivos antes que aos individuais. O Estado, mediante leis parlamentares, atos administrativos e a criação real de instalações de serviços públicos, deve definir, executar e implementar, conforme as circunstâncias, as chamadas "políticas sociais" (....) As normas programáticas sobre direitos sociais que hoje encontramos na maioria dos textos constitucionais dos países europeus e latino-americanos definem metas e finalidades, as quais o legislador ordinário deve elevar a um nível adequado de concretização. Essas "normas-programa" prescrevem a realização, por parte do Estado, de determinados fins e tarefas. Elas não representam meras recomendações ou preceitos morais com eficácia ético-política meramente diretiva, mas constituem Direito diretamente aplicável.[120]

No Direito brasileiro, merece menção que, ao passo que os direitos individuais obtiveram um grau relativo de realização, os Direitos Fundamentais Sociais encontram-se muito distantes de sua efetividade. Muitas são as formas de explicar tal realidade, mas, em síntese, pode-se dizer que isso reflete a mentalidade liberal-individualista na qual ainda estão inseridos os intérpretes. Isso porque, em tal mentalidade, o importante é proteger a liberdade e a propriedade, sendo que os direitos sociais perdem a característica de fundamentalidade, passando a ser mero programa, não vinculando o Estado obrigatoriamente.[121]

---

[120] KRELL, Andréas. *Direitos sociais e controle social no Brasil e na Alemanha*. Porto Alegre: Sergio Antonio Fabris Editor, 2002, p. 19-20.

[121] Sobre essa matéria, Barreto tem a seguinte opinião: "existem diferentes formas de argumentação que sustentam a inconsistência dos direitos sociais como direitos humanos fundamentais, vale dizer, afirmados universalmente e consagrados no sistema jurídico nacional. Todas partem do pressuposto de que os direitos fundamentais sociais não são reconhecidos como 'verdadeiros direitos' (Krell, 2002:23). Uma das formas mais comuns de se negar efetividade aos direitos sociais é retirar-lhes a característica de direitos fundamentais. Afastados da esfera dos direitos fundamentais, ficam privados da aplicabilidade imediata, excluídos da garantia das cláusulas pétreas, e se tornam assim meras pautas programáticas, submetidas a 'reserva do possível' ou restritos à objetivação de um 'padrão mínimo social'. A doutrina jurídica contemporânea oscila entre esses dois pólos argumentativos, servindo, a nosso ver, para justificar modelos políticos e sociais que se antepõe à idéia central do estado democrático de direito, que afirma ser a observância dos direitos sociais uma exigência ética, não sujeita a negociações políticas (Campilongo, 1995, p. 135)" BARRETTO, Vicente de Paulo. Reflexões sobre os direitos sociais. In: *Direitos Fundamentais Sociais*: Estudos de Direito Constitucional, Internacional e Comparado. Ingo Wolfgang Sarlet (org.). Rio de Janeiro: Renovar, 2003, p.112

Nesse sentido é que se utiliza a expressão *Direitos Fundamentais Sociais*,[122] de modo a não deixar dúvidas quanto a sua fundamentalidade, desdobrando-se, igualmente, em sua feição negativa e positiva e, como nos informa Sarlet, "reclamam uma postura ativa do Estado, visto que a igualdade material e a liberdade real não se estabelecem por si só, carecendo de uma realização".[123]

Na verdade, a postura positiva delegada ao Estado evidencia-se no descompasso existente entre as promessas constitucionais e a realidade social. Como informa Krell:

> A Constituição do Brasil sempre esteve numa relação de tensão para com a realidade vital da maioria dos brasileiros e contribuiu muito pouco para o melhoramento da qualidade de vida;o texto legal supremo, para muita gente, representa apenas uma "categoria referencial bem distante". Encontram-se em contradição flagrante a pretensão normativa dos Direitos Fundamentais Sociais e o evidente fracasso do Estado brasileiro como provedor dos serviços essenciais para a vasta maioria da população.[124]

Na análise do autor, a tensão existente entre a realidade e as promessas constitucionais, bem como as dificuldades de implementação dos Direitos Fundamentais Sociais, restam por gerar um sentimento de frustração constitucional, levando ao descrédito da Constituição como instrumento de transformação social. Como constata:

> Na Alemanha, como no Brasil, se reconhece que promessas constitucionais exageradas mediantes Direitos Fundamentais Sociais sem a possibilidade real da sua realização são capazes de levar a uma "frustração constitucional" (*Verfassungsenttäuschung*), o que acaba desacreditando a própria instituição da constituição como

---

[122] Utiliza-se a denominação Direitos Fundamentais Sociais que, como informa Sarlet "encontra sua razão de ser na circunstância – comum aos direitos sociais prestacionais e aos direitos sociais de defesa – de que todos consideram o ser humano na sua situação concreta na ordem comunitária (social), objetivando, em princípio, a criação e garantia de uma igualdade e liberdade material (real), seja por meio de determinadas prestações materiais e normativas, seja pela proteção e manutenção do equilíbrio de forças na esfera das relações trabalhistas". Adverte Sarlet que é um equívoco conceituar direitos fundamentais sociais como direitos a prestações estatais, uma vez que "vários destes direitos fundamentais sociais não exercem a função precípua de direitos a prestações, podendo ser, na verdade, reconduzidos ao grupo dos direitos de defesa, como ocorre com o direito de greve..." SARLET, Ingo Wolfgang. Os Direitos Fundamentais Sociais na Constituição de 1988. *Revista Diálogo Jurídico*, Ano I, Vol, I, n.1, Salvador, 2001.

[123] Idem, ibidem.

[124] KRELL, Andréas. *Direitos sociais e controle social no Brasil e na Alemanha*. Porto Alegre: Sergio Antonio Fabris Editor, 2002, p. 18.

sistema de normas legais vigentes e pode abalar a confiança dos cidadãos na ordem jurídica como um todo.[125]

Esse aspecto é o que apresenta para o futuro de uma Teoria da Constituição adequada ao modelo brasileiro: a necessária transformação da realidade. O Brasil reclama a atuação do Estado, caracterizada por séculos de ineficiência na efetivação dos Direitos Fundamentais, pelos pactos com as elites em detrimento dos interesses da população e pelas promessas não cumpridas. Não seria crível que a Constituição caísse em descrédito justamente pela conduta omissiva dos Poderes Estatais. Nesse sentido, só é possível defender a idéia de uma Constituição Dirigente se o texto constitucional for visto não como um mero discurso, um ideário, ou protocolo de intenções do Estado, mas como condição de possibilidade para a transformação da realidade e a busca, em efetivo, de uma sociedade mais justa.

---

[125] Idem, ibidem, p. 26.

4. Direitos fundamentais sociais e o dever de agir do Estado: a proibição da proteção deficiente e a proibição do retrocesso social

Uma vez que no paradigma do Estado Democrático de Direito, em face de seu caráter transformador, os Direitos Fundamentais demandam uma atuação positiva, é imperiosa a observância do Princípio da Proporcionalidade, que se refere aos meios utilizados para a implementação dos objetivos do Estado.

Em face do duplo viés dos Direitos Fundamentais no Estado Democrático de Direito, fala-se da dupla face do Princípio da Proporcionalidade: o garantismo negativo (em face dos excessos do Estado) e o garantismo positivo, no sentido de que o Estado não pode deixar de proteger determinado direito fundamental, como ensina Ferrajoli:

> los derechos fundamentales se configuran como otros tantos vinculos substanciales impuestos a la democracia política: vínculos negativos, generados por los derechos de libertad, que ninguna mayoría puede violar; vínculos positivos, generados por los derechos sociales que ninguna mayoría puede dejar de satisfacer. (...) Los derechos fundamentales, precisamente porque están igualmente garantizados para todos y sustraídos a la disponibilidad del mercado y de la política, forman la esfera de lo indecible que y de lo indecidible que no; y actúan como factores de legitimación sino también y, sobre todo, como factores de deslegitimación de las decisiones y de las no-decisiones.[126]

Dessa forma, ultrapassada a concepção liberal, o Estado deixa de ver os direitos fundamentais, simplesmente como limites à sua atuação, para considerá-los como princípios norteadores. Trata-se

---

[126] FERRAJOLI, Luigi. *Derechos y garantías*. Madrid: Editorial Trotta, 1999, p. 24.

da dupla face do princípio da proporcionalidade, que, conforme observa Sarlet:

> a noção de proporcionalidade não se esgota na categoria da proibição de excesso, já que vinculada igualmente a um dever de proteção por parte do Estado, inclusive quanto a agressões contra direitos fundamentais provenientes de terceiros, de tal sorte que se está diante de dimensões que reclamam maior densificação.[127]

Nesse contexto que a noção de proteção aos Direitos Fundamentais engloba as categorias da proibição do excesso (*übermassverbot*) e da proibição da proteção deficiente (*untermassverbot*) que se trata de uma dupla estratégia na consecução dos objetivos do Estado Democrático.

Dessa forma, o Princípio da Proibição da Proteção deficiente implica um "fazer" e um "não-fazer" por parte do Estado. Um fazer que se consubstancia em realizar os Direitos Fundamentais Sociais, buscando sua máxima efetividade. Um não-fazer que se evidencia na abstenção em atentar contra os Direitos Fundamentais implementados, seja através de atos administrativos ou de legislação que venha a atingir o núcleo fundamental de tais direitos. Nesse sentido, Canotilho informa que:

> Há porém, um outro lado da proteção que, em vez de salientar o excesso, releva a proibição por defeito (Untermassverbot). Existe um defeito de protecção quando as entidades sobre quem recai um dever de proteção (Schutzpflicht) adoptam medidas insuficientes para garantir uma protecção constitucionalmente adequada dos direitos fundamentais. Podemos formular esta idéia usando uma formulação positiva: o estado deve adoptar medidas suficientes, de natureza normativa, ou de natureza material, conducente a uma proteção adequada e eficaz dos direitos fundamentais. A verificação de uma insuficiência de juridicidade estatal deverá atender à natureza das posições jurídicas ameaçadas e à intensidade do perigo de lesão de direitos fundamentais.[128]

Nesse sentido, considerado em seu viés negativo, o Princípio da Proibição Deficiente importa na vedação ao Estado de atentar contra Direitos Fundamentais Sociais implementados. Como informa Canotilho:

---

[127] SARLET, Ingo Wolfgang. Constituição e proporcionalidade: o direito penal e os direitos fundamentais entre proibição de excesso e de insuficiência. In: *Revista de Estudos Criminais* n. 12, ano 3. Sapucaia do Sul, Editora Nota Dez, 2003, p. 86.

[128] CANOTILHO, Joaquim José Gomes. *Direito Constitucional e Teoria da Constituição.* 7ª ed. Coimbra: Almedina, 2003, p. 273.

Enfim os direitos sociais são autênticos direitos fundamentais aos cidadãos. São direitos constitucionais a que correspondem verdadeiras obrigações do Estado, e que devem, à semelhança do que acontece com os direitos e liberdades tradicionais, ser concebidos como direitos subjetivos públicos do cidadão. Em sentido jurídico, aliás, só nesta acepção se pode falar de autênticos direitos fundamentais. O que distingue estes dos restantes não é a sua natureza jurídico-constitucional, é o seu objecto. São direitos positivos, isto é, direitos a certa actividade ou prestação estadual e não uma abstenção ou omissão. Por isso, a sua violação dá-se por omissão da actividade exigida ao Estado. Mas a omissão estadual, quando indevida, não é menos inconstitucional do que a acção violadora de um direito negativo. O que difere são as garantias do cumprimento da obrigação constitucional do Estado.[129]

A idéia da Proibição da Proteção Deficiente[130] é esclarecida, ainda, por Canotilho e Vital Moreira, da seguinte forma:

a maior parte dos chamados direitos sociais possui, além da sua característica componentemente positiva, também uma componente negativa, que se traduz num direito à abstenção do Estado (ou de terceiros). Assim, por exemplo, o direito ao trabalho não consiste apenas na obrigação do Estado de criar ou de contribuir para criar postos de trabalho, antes implica também a obrigação de o Estado se abster de impedir ou limitar o acesso dos cidadãos ao trabalho (liberdade de acesso ao trabalho); o direito à saúde não impõe ao Estado apenas o dever de actuar para constituir o Serviço Nacional de Saúde e realizar as prestações de saúde, antes impõe igualmente que se abstenha de actuar de modo a prejudicar a saúde dos cidadãos. Os exemplos poderiam multiplicar-se. Ora, é só na as componente positiva – que, alias, é a mais

---

[129] CANOTILHO, José Joaquim Gomes; MOREIRA, Vital. *Fundamentos da constituição*. Coimbra: Coimbra, 1991, p. 129.

[130] Como conseqüência da Proibição da Proteção Deficiente, surge a Idéia da Proibição do Retrocesso Social. Comentando o assunto, informa Streck que: "a constituição não tem somente a tarefa de apontar para o futuro. Tem, igualmente, a relevante função de proteger os direitos já conquistados. Desse modo, mediante a utilização da principiologia constitucional (explícita ou implícita), é possível combater alterações feitas por maiorias políticas eventuais, que, legislando na contramão da programaticidade constitucional, retiram (ou tentam retirar) conquistas da sociedade. Veja-se, nesse sentido, a importante decisão do Tribunal Constitucional de Portugal, que aplicou a cláusula da 'proibição do retrocesso social' inerente/imanente ao Estado Democrático e Social de Direito: 'a partir do momento em que o Estado cumpre (total ou parcialmente) as tarefas constitucionalmente impostas para realizar um direito social, o respeito constitucional deste deixa de consistir (ou deixa de consistir apenas) numa obrigação positiva, para se transformar ou passar também a ser uma obrigação negativa. O Estado, que estava obrigado a atuar para dar satisfação ao direito social, passa a estar obrigado a abster-se de atentar contra a realização dada ao direito social'". STRECK, Lenio Luiz. *Hermenêutica jurídica e(m) crise*: uma exploração hermenêutica da construção do Direito. 5ª ed. Porto Alegre: Livraria do Advogado, 2004, p. 254-255).

característica e aquela que ressalta do enunciado constitucional – que os direitos sociais têm natureza e regime distintos dos "direitos, liberdades e garantias".[131]

Em síntese, dessa abstenção imposta ao Estado, em virtude do Princípio da Proibição da Proteção Deficiente é que retira a importante conclusão de que haveria um núcleo, relacionado aos Direitos Fundamentais, insuscetível de violação por parte do Estado, um núcleo eminentemente relacionado com a proteção da Dignidade da Pessoa Humana. É esta a idéia que leva a constatação da existência de um Princípio da Proibição do Retrocesso Social[132] que, todavia, necessita da consideração de outros princípios inerentes ao Estado Democrático de Direito e de uma Teoria da Constituição adequada para uma atribuição de sentido autêntica.

---

[131] CANOTILHO, José Joaquim Gomes; MOREIRA, Vital. *Fundamentos da constituição*. Coimbra: Coimbra, 1991, p. 127.

[132] "Para começar, tais preceitos constitucionais implicam a interpretação das normas legais do modo mais conforme com elas (por exemplo, em caso de dúvida sobre o âmbito legal de certa prestação de segurança social, deve seguir-se a interpretação mais extensiva possível). Depois, a inércia do Estado em cumprir a obrigação constitucional dá lugar à inconstitucionalidade por omissão. Em terceiro lugar, e sobretudo, tais preceitos implicam a inconstitucionalidade das normas legais que realizam m direito em termos diferentes dos constitucionalmente previstos ou que contrariem a realização legal anteriormente atingida (...) Quer dizer: as normas constitucionais que reconhecem direitos econômicos, sociais e culturais de caráter positivo têm pelo menos uma função de garantia da satisfação adquirida por esses direitos, implicando uma 'proibição de retrocesso', visto que, uma vez dada satisfação ao direito, este transforma-se nesssa medida, em 'direito negativo' ou direito de defesa, isto é, num direito a que o Estado se abstenha de atentar contra ele. A ser admissível qualquer restrição a este princípio (v.g. estado de incapacidade financeira do Estado) então ela deve ficar sujeito, na parte aplicável, às regras constitucionalmente estabelecidas para as restrições dos 'direitos, liberdades e garantias' nomeadamente a necessidade e a proporcionalidade, devendo salvaguardar sempre o conteúdo mínimo necessário à satisfação desse direito". Idem, ibidem, p. 131.

5. Elementos para a atribuição de sentido à proibição do retrocesso social: o desafio da marcha rumo ao sentido do "ser"

A contemporaneidade se evidencia como um período histórico marcado pelas inseguranças e incertezas, onde o conflito entre a concepção de Estado Social e as políticas neoliberais disseminadas pelo fenômeno da globalização, levam à redução da intervenção estatal e a desregulamentação progressiva das relações sociais. Dessa maneira, como um imperativo de estabilidade, tornam-se necessárias estruturas mantenedoras de um determinado *status quo* por parte do Estado.

A Dogmática Jurídica, inspirada nos postulados da modernidade iluminista, procura normatizar a estabilidade através de institutos que protejam determinadas situações jurídicas. Trata-se, basicamente, de criar certa proteção jurídica, em face de lesões, ameaças ou mesmo normas retroativas, que venham a prejudicar determinadas relações estabelecidas. Está-se a falar, nesse sentido, a respeito do instituto do "Direito Adquirido", cuja difícil interpretação o caracteriza, por vezes, como um entrave metafísico à garantia dos Direitos Fundamentais e um álibi perspicaz para possibilitar o retrocesso social sob a aparência de legalidade formal.

No ordenamento jurídico brasileiro, o instituto do Direito Adquirido recebeu tratamento de Direito Fundamental, positivado no rol do art. 5º da Constituição Federal, que em seu inciso XXXVI determina que "A lei não prejudicará o direito adquirido, o ato jurídico perfeito e a coisa julgada".

A Lei de Introdução ao Código Civil, em seu art. 6º, § 2º, declara que "consideram-se adquiridos assim os direitos que o seu titular, ou alguém por ele, possa exercer, como aqueles cujo começo do exercício tenha termo prefixo, ou condição preestabelecida ou inalterável, a arbítrio de outrem".

Todavia, o alcance do instituto do instituto do "Direito Adquirido" causa perplexidade aos operadores do direito, mormente em uma sociedade complexa como a contemporânea, onde se evidenciam cada vez mais os conflitos de natureza supraindividual e a necessidade de ponderação de princípios constitucionais para dirimi-los. É o que constata Sarlet, ao analisar a relação estabelecida entre o instituto do Direito Adquirido e os Princípios da Segurança Jurídica e da Confiança:

> Que ambos os princípios implicam a proteção dos direitos adquiridos, do ato jurídico perfeito e da coisa julgada, constitui aspecto que, além de encontrar sustentação na doutrina, na jurisprudência e no direito constitucional positivo contemporâneo (ainda que em muitos casos de modo implícito) assume ares de obviedade e não tem merecido maior controvérsia, pelo menos em se tratando de Constituições de um Estado de Direito. O mesmo, todavia, não se pode afirmar com relação ao alcance desta proteção, em que a controvérsia principia já no plano conceitual, visto que até hoje sequer existe consenso no concernente ao conceito e conteúdo da noção de direitos adquiridos.[133]

Nesse ínterim, a incompreensão se dá em virtude do desconhecimento, por parte da Dogmática Jurídica, do postulado da Diferença Ontológica, uma vez que ao instituto do "Direito Adquirido", considerado como "ente", só é cabível atribuir sentido em seu "ser", no caso, a noção de Segurança Jurídica inerente ao Estado Democrático de Direito. Dessa forma, resta claro que a proteção que o Estado deve dar às relações jurídicas, observado o Princípio da Segurança Jurídica, não se exaure nas categorias conceituais do instituto do "Direito Adquirido".[134]

---

[133] SARLET, Ingo Wolfgang. A eficácia do direito fundamental à segurança jurídica: dignidade da pessoa humana, direitos fundamentais e proibição de retrocesso social no direito constitucional brasileiro. In: *Revista de Direito Social*, v. 14, 2004, p. 18.

[134] "Com isso também se percebe nitidamente que a proibição de retrocesso no sentido aqui versado representa, em verdade, uma proteção adicional outorgada pela ordem jurídico-constitucional, que vai além da proteção tradicionalmente imprimida pelas figuras do direito adquirido, da coisa julgada, bem como das demais vedações específicas de medidas retroativas". Idem, ibidem, p. 42.

Uma visão objetificada do referido instituto, sem considerar as peculiaridades do paradigma do Estado Democrático de Direito e perceber que o mesmo visa a consecução da Segurança Jurídica, acaba por velar o seu sentido, importando no que Heidegger denomina de "pergunta pela técnica". No caso de ajuizamento de uma pretensão que alega a ocorrência de violação da Segurança Jurídica, a pergunta dogmática/metafísica seria: "tal atitude do legislador/administrador/particular feriu o 'Direito Adquirido' do autor?" A resposta negativa (de acordo com o conceito adotado pelo julgador, entendido como um conceito primordial-fundante) restaria por negar qualquer tipo de proteção à Segurança Jurídica com a qual o Estado está comprometido.

Nesse ínterim, necessita-se compreender que o Estado se consubstancia no *locus* garantidor de certa estabilidade social e o Princípio da Segurança Jurídica é erigido a Princípio estruturante do Estado de Direito.As repercussões jurídicas do Princípio da Dignidade da Pessoa Humana, notadamente, implicam em ações estatais que visem manter a estabilidade das relações sociais, fomentando a confiança do cidadão no Estado Democrático de Direito.

Dessa forma, a partir dos pressupostos da Hermenêutica Filosófica, consideram-se como primeiros passos para a atribuição de sentido ao Princípio da Proibição do Retrocesso Social, denunciar: 1) que a Segurança Jurídica que o Estado Democrático de Direito visa conferir às relações sociais não se exaure nas categorias conceituais do Direito Adquirido; 2) que o instituto do "Direito Adquirido", considerado de forma objetificada, foi a solução encontrada pelo pensamento liberal (e atualmente, pela dogmática jurídica) para conferir estabilidade ao sistema, fundado na clássica noção de subsunção do conceito primordial-fundante ao fato concreto; 3) que, em face da transformação da sociedade, os pressupostos iluministas não perduram, o que importa em uma inadequação do pensar dogmático às necessidades da contemporaneidade; 4) que tal inadequação, somada ao desconhecimento do caráter transformador do Estado Democrático de Direito por parte dos intérpretes, leva à utilização do instituto do "Direito Adquirido" a consubstanciar-se em uma "capa de verdade", onde todas as situações que não subsumam ao seu conceito estariam desprotegidas pelo sistema; 5) que no Paradigma do Estado Democrático de Direito a subsunção cede espaço à idéia da Ponderação dos Princípios Constitucionais e o formalismo à idéia de materialização dos Direitos Fundamentais; 6) que uma correta atribuição de sentido ao Princípio da Proibição do Retrocesso Social somente é possível com a ponderação do Princípio da Segurança Jurídica, do Princípio da Confiança, do Princípio da Máxima Efetividade das normas constitucionais com vistas à consecução do objetivo maior do Estado, que é a consecução do Princípio da Dignidade da Pessoa Humana.

Nesse sentido, à noção de Estado de Direito é inerente a idéia de garantir a segurança das relações sociais. Mesmo que não expressamente positivados na Constituição Federal, os Princípios da Segurança Jurídica e da Proteção da Confiança[135] têm por escopo a realização do Princípio da Dignidade da Pessoa Humana,[136] possibi-

---

[135] "A segurança e a proteção da confiança exigem, no fundo: (1) fiabilidade, clareza, racionalidade e transparência dos actos do poder; (2) de forma que em relação a eles o cidadão veja garantida a segurança nas suas disposições pessoais e nos efeitos jurídicos dos seus próprios actos. Deduz-se já que os postulados da segurança jurídica e da proteção da confiança são exigíveis perante qualquer acto de qualquer poder – legislativo, executivo e judicial. O princípio geral da segurança jurídica em sentido amplo (abrangendo, pois, a idéia de protecção da confiança) pode formular-se do seguinte modo: o indivíduo têm do direito poder confiar em que aos seus actos ou às decisões públicas incidentes sobre os seus direitos, posições ou relações jurídicas alicerçados em normas jurídicas vigentes e válidas por esses actos jurídicos deixado pelas autoridades com base nessas normas se ligam os efeitos jurídicos previstos e prescritos no ordenamento jurídico. As refracções mais importantes do princípio da segurança jurídica são as seguintes: (1) relativamente a actos normativos – proibição de normas retroactivas restritivas de direitos ou interesses juridicamente protegidos; (2) relativamente a actos jurisdicionais = inalterabilidade do caso julgado; (3) em relação a actos da administração – tendencial estabilidade dos casos decididos através de actos administrativos constitutivos de direitos" CANOTILHO, Joaquim José Gomes. *Constituição dirigente e vinculação do legislador.* Coimbra: Coimbra Editora, 1994, p. 257.

[136] Sarlet, em percuciente análise, considera a Dignidade da Pessoa Humana como "a qualidade intrínseca e distintiva de cada ser humano que o faz merecedor do mesmo respeito e consideração por parte do Estado e da comunidade, implicando, neste sentido, um complexo de direitos e deveres fundamentais que assegurem a pessoa tanto contra todo e qualquer ato de cunho degradante ou desumano, como venham a lhe garantir as condições existenciais mínimas para uma vida saudável, além de propiciar e promover sua participação ativa e co-responsável nos destinos da própria existência e da vida em comunhão com os demais seres humanos". SARLET, Ingo Wolfgang. *Dignidade da Pessoa Humana e Direitos Fundamentais na Constituição Federal de 1988*, 2ª ed. Porto Alegre: Livraria do Advogado, 2002, p. 62.

litando ao cidadão as condições mínimas para o exercício da cidadania e de uma vida digna. Como enfatiza Canotilho:

> O homem necessita de segurança para conduzir, planificar e conformar autônoma e responsavelmente a sua vida. Por isso, desde cedo se consideram os princípios da segurança jurídica e da proteção da confiança como elementos constitutivos do Estado de direito. Estes dois princípios – segurança jurídica e proteção da confiança – andam estreitamente associados, a ponto de alguns autores considerarem o princípio da proteção de confiança como um subprincípio ou como uma dimensão específica da segurança jurídica. Em geral considera-se que a segurança jurídica está conexionada com elementos objetivos da ordem jurídica – garantia de estabilidade jurídica, segurança de orientação e realização do direito – enquanto a proteção da confiança se prende mais com as componentes subjectivas da segurança, designadamente a calculabilidade e previsibilidade dos indivíduos em relação aos efeitos jurídicos dos actos dos poderes públicos.[137]

Revela-se, nesse ínterim, a grande influência gera o Princípio da Segurança Jurídica, que passa a ser um princípio norteador do Estado Democrático de Direito e atribuidor de sentido aos seus institutos, visando a garantir estabilidade social e, em conseqüência, concretizar a Dignidade da Pessoa Humana. A Proteção aos Direitos Fundamentais pelo Estado somente é possível num contexto de Segurança Jurídica.

É por esse motivo que, na busca da atribuição de sentido ao Princípio da Proibição do Retrocesso Social, Sarlet informa que o Princípio da Dignidade da Pessoa Humana cumpre dupla função, norteando a atuação estatal:

> Com efeito, sendo também parte – ainda que variável – integrante do conteúdo dos direitos fundamentais (ao menos, em regra), e para além da discussão em torno de sua identificação com o núcleo essencial, constata-se que o Princípio da Dignidade da Pessoa Humana serve como importante elemento de proteção dos direitos contra medidas restritivas. Todavia, cumpre relembrar que o princípio da dignidade da pessoa humana também serve como justificativa para a imposição de restrições a direitos fundamentais, acabando, neste sentido, por atuar como elemento limitador destes (...). O que importa, no momento, é que sempre se poderá afirmar (...) que a dignidade da pessoa humana atua simultaneamente como limite dos direitos e limite dos limites, isto é, barreira última contra a atividade restritiva dos direitos fundamentais.[138]

---

[137] CANOTILHO, Joaquim José Gomes. *Constituição dirigente e vinculação do legislador*. Coimbra: Coimbra Editora, 1994, p. 257.

[138] SARLET, Ingo Wolfgang. *Dignidade da Pessoa Humana e Direitos Fundamentais*. Porto Alegre: Livraria do Advogado, 2001, p. 119-20.

Dessa forma, no paradigma do Estado Democrático de Direito, o Princípio da Dignidade da Pessoa Humana serve como parâmetro para a Proteção aos Direitos Fundamentais Sociais, implicando notadamente a definição de um núcleo essencial dos mesmos, visando a coibir medidas retrocessivas.

Nesse ínterim, delineados alguns elementos para a atribuição de sentido ao Princípio da Proibição do Retrocesso Social, notadamente a denúncia à tradição inautêntica e a necessidade de ponderação de princípios constitucionais, insere-se a percuciente análise de Canotilho, que refere que:

> A idéia aqui expressa também tem sido designada como proibição de "contra-revolução social" ou da "evolução reaccionária". Com isto quer dizer-se que os direitos sociais e econômicos (ex.: direito dos trabalhadores, direito à assistência, direito à educação), uma vez obtido um determinado grau de realização, passam a constituir, simultaneamente, uma garantia institucional e um direito subjetivo. A "proibição de retrocesso social" nada pode fazer contra as recessões e crises econômicas (reversibilidade fáctica), mas o princípio em análise limita a reversibilidade dos direitos adquiridos (ex.: segurança social, subsídio de desemprego, prestações de saúde), em clara violação do princípio da proteção da confiança e da segurança dos cidadãos no âmbito econômico, social e cultural e do núcleo essencial da existência mínima inerente ao respeito pela dignidade da pessoa humana (...) A violação do núcleo essencial efectivado justificação a sanção de inconstitucionalidade relativamente a normas manifestamente aniquiladoras da chamada "justiça social".[139]

Dessa forma, considerado o Princípio da Proibição do Retrocesso Social como corolário da idéia da proteção à Segurança Jurídica no Estado Democrático de Direito, cabe ponderar o alcance do Princípio, buscando sua efetivação em conjunto aos valores tutelados pelo Estado. A doutrina tem enfatizado a efetivação do referido princípio, no que tange à proteção ao núcleo essencial dos Direitos Fundamentais:

> O princípio da proibição do retrocesso social pode formular-se assim: o núcleo essencial dos direitos sociais já realizado e efectivado através de medidas legislativas ("lei da segurança social", "lei do subsídio de desemprego", "lei do serviço de saúde") deve considerar-se constitucionalmente garantido, sendo inconstitucionais quaisquer medidas estaduais que, sem a criação de outros esquemas alternativos

---

[139] CANOTILHO, Joaquim José Gomes. *Direito Constitucional e Teoria da Constituição.* 7ª ed. Coimbra: Almedina, 2003, p. 339.

ou compensatórios se traduzam, na prática, numa "anulação", "revogação" ou "aniquilação" pura e simples desse núcleo essencial.[140]

Além disso, o Princípio da Segurança Jurídica e da Confiança no Estado Democrático, ligados ao Princípio da Proibição do Retrocesso Social, apresentam maior profundidade, na medida em que visam coibir não só as medidas de cunho retroativo, mas notadamente as medidas de cunho retrocessivo.[141] Como informa Sarlet:

> cada vez mais constata-se a existência de medidas inequivocamente retrocessivas que não chegam a ter caráter propriamente retroativo, pelo fato de não alcançarem posições jurídicas já consolidadas no patrimônio de seu titular, ou que, de modo geral, não atingem situações anteriores. Assim, por paradoxal que possa parecer à primeira vista, retrocesso também pode ocorrer mediante atos com efeitos prospectivos.[142]

Cabe salientar, todavia, que não se trata de um princípio absoluto, que deve ser interpretado em ponderação aos Princípios da Dignidade da Pessoa Humana, da Segurança Jurídica e da Confiança no Estado Democrático, considerando a impossibilidade de violação ao núcleo essencial dos Direitos Fundamentais Sociais implementados.

Nesse sentido, não se nega a liberdade de conformação do legislador, que tem autonomia para decidir de que maneira implementará os Direitos Sociais, uma vez considerada a dinâmica da sociedade contemporânea e a modificação contínua das demandas sociais. O que se pretende proteger é a dignidade da pessoa humana, para que não sejam tolhidos os Direitos Fundamentais conquistados.

Como argumento contrário ao Princípio da Proibição do Retrocesso Social, ligado, notadamente, às razões de Estado, surge o Princípio da Reserva do Possível, geralmente utilizado para funda-

---

[140] CANOTILHO, Joaquim José Gomes. *Constituição dirigente e vinculação do legislador*. Coimbra: Coimbra Editora, 1994, p. 340.

[141] "A dignidade da pessoa humana não exige apenas uma proteção em face de atos de cunhos retroativo, mas também não dispensa uma proteção contra medidas retrocessivas, mas que não podem ser consideradas como propriamente retroativas, já que não alcançam as figuras dos direitos adquiridos, do ato jurídico perfeito e da coisa julgada". SARLET, Ingo Wolfgang. A eficácia do direito fundamental à segurança jurídica: dignidade da pessoa humana, direitos fundamentais e proibição de retrocesso social no direito constitucional brasileiro. In: *Revista de Direito Social*, v. 14, 2004, p. 21.

[142] Idem, ibidem, p. 22.

mentar uma hermenêutica de bloqueio, retirando eficácia do texto constitucional. Todavia, na doutrina pátria existe uma certa confusão na interpretação do princípio da Reserva do Possível, como explica Krell:

> Segundo o Tribunal Constitucional Federal da Alemanha, esses direitos a prestações positivas (*Teilhaberechte*) "estão sujeitos à reserva do possível no sentido daquilo que o indivíduo, de maneira racional, pode esperar da sociedade". Essa teoria impossibilita exigências acima de um certo limite básico social; a Corte recusou a tese de que o Estado seria obrigado a criar a quantidade suficiente de vagas nas universidades públicas para atender a todos os candidatos. Alguns autores brasileiros acataram a argumentação da "reserva do possível" negando de maneira categórica a competência dos juízes ("não legitimados pelo voto") a dispor sobre medidas de políticas sociais que exigem gastos orçamentários.[143]

Nesse sentido, Canotilho esclarece que:

> Em primeiro lugar, a dimensão objectiva dos direitos sociais pode assumir duas variantes: (a) imposições legiferantes mais ou menos concretas ou determinadas, obrigando o Estado a criar certas instituições ou a introduzir determinadas alterações jurídicas (...) Em segundo lugar, somente em alguns casos é que os direitos sociais conferem aos cidadãos (a todos e a cada um) um direito imediato a uma prestação efectiva, sendo necessário que tal decorra expressamente do texto constitucional. É o que sucede designadamente no caso do direito à saúde (art. 64º), o qual, devendo ser realizado, principalmente através de um serviço nacional de saúde (...). Em terceiro lugar, consistindo alguns dos direitos sociais em prestações pecuniárias (v.g. segurança social) ou implicando em maior ou menor medida despesas de diverso tipo (direitos à saúde, ao ensino, habitação, etc.) a elevação do nível de realização está sempre condicionada pelo volume de recursos susceptível de ser mobilizado para esse efeito, pelo que a sua realização (para além de um nível mínimo necessário) está sempre sob reserva das disponibilidades da colectividade".[144]

Nesse ínterim, o sentido do Princípio da Reserva do Possível deve, analogamente, ser construído em consonância com os valores tutelados pelo Estado Democrático de Direito, buscando-se uma harmonização com os demais princípios. Deve-se atentar para que o Princípio não seja utilizado como um discurso político autorizador de medidas retrocessivas, notadamente em países periféricos como o Brasil, onde a escassez de recursos públicos em face das necessidades da sociedade é geralmente apresentada como justificadora do

---

[143] KRELL, Andreas. *Direitos Sociais e controle judicial no Brasil e na Alemanha*. Porto Alegre: Sergio Antonio Fabris Editor, 2002, p. 52.

[144] CANOTILHO, José Joaquim Gomes; MOREIRA, Vital. *Fundamentos da Constituição*. Coimbra: Coimbra, 1991, p. 129.

desrespeito às diretrizes constitucionais e da ineficiência em implementar direitos sociais.

Em suma, a atribuição de sentido ao Princípio da Proibição do Retrocesso Social perpassa pela pré-compreensão de uma Teoria da Constituição dirigente e compromissária, adequada ao modelo constitucional brasileiro e da necessidade de atribuir máxima efetividade aos Princípios Constitucionais, sem a qual o ordenamento constitucional passa a ser um mero protocolo de intenções, um mero ideário, sem o compromisso com a efetivação dos Direitos Fundamentais e o cumprimento das promessas da modernidade.

Além disso, deve-se compreender que os Princípios da Segurança Jurídica e da Proteção da Confiança, ínsitos na noção de Estado Democrático de Direito, não se exaurem no conceito de "Direito Adquirido", requerendo atribuição de sentido que vise a máxima efetividade dos Princípios Constitucionais. Rechaçam-se, nesse sentido, interpretações que importem em uma Hermenêutica de Bloqueio, que resta por velar o sentido da constituição e faz, em efetivo, que o instituto do "Direito Adquirido" se torne um entrave metafísico à observância do Princípio da Proibição do Retrocesso Social.

Finalmente, há que se considerar que o Princípio da Proibição do Retrocesso Social deve ser ponderado ao lado de outros princípios constitucionais, no caso concreto. Ao lado do princípio da Segurança Jurídica, da Confiança e da Máxima Efetividade das normas constitucionais, deve ser considerado o Princípio da Reserva do Possível, não como para justificar a tomada de medidas retrocessivas em face da escassez de recursos públicos, mas para buscar uma atribuição de sentido adequada aos ditames do Estado Democrático de Direito.

6. As implicações da proibição do retrocesso social nos poderes do Estado: políticas públicas, liberdade de conformação legislativa e da necessidade de uma intervenção substancialista por parte do Poder Judiciário

6.1. O princípio da proibição do retrocesso e as funções estatais

A partir da compreensão de uma Teoria da Constituição adequada ao modelo Brasileiro, em que a Constituição é considerada em seu efeito vinculativo e dirigente, rompe-se com a visão objetificada do Princípio da Separação de poderes que faz parte do senso comum teórico dos juristas. Percebe-se que se deve buscar um sentido do Princípio que vise, através da separação de funções, ao controle do poder, mas, acima de tudo, que vise à cooperação harmoniosa dos poderes com vistas à materialização dos preceitos constitucionais. Nesse sentido esclarece Canotilho que:

> a constitucionalística mais recente salienta que o princípio da separação de poderes transporta duas dimensões complementares: (1) a separação como "divisão", "controlo" e "limite" do poder – dimensão negativa; (2) a separação como constitucionalização, ordenação e organização do poder do Estado tendente a decisões funcionalmente eficazes e materialmente justas (dimensão positiva). O sentido referido em (1) corresponde, em rigor, à idéia da divisão de poderes; o sentido referido em (2) aponta sobretudo para a idéia de separação de poderes. O princípio da divisão como forma e meio de limite do poder (divisão de poderes e balanço de poderes) assegura uma medida jurídica ao poder do estado e, conseqüentemente, serve para garantir e proteger a esfera jurídico-subjetiva dos indivíduos e evitar a concentração

de poder. O princípio da separação na qualidade de princípio positivo assegura uma justa e adequada ordenação das funções do estado e, conseqüentemente, intervém como esquema relacional de competências, tarefas, funções e responsabilidadades dos órgãos constitucionais de soberania. Nesta perspectiva, separação ou divisão de poderes significa responsabilidade pelo exercício de um poder.[145]

Nesse sentido, em face do compromisso inerente à noção de Estado Democrático de Direito, o Princípio da Separação dos Poderes deve ser compreendido como um meio de realização e nunca como um entrave metafísico para a realização dos Direitos Fundamentais Sociais.[146] Dessa forma, no paradigma do Estado Democrático de Direito a clássica noção de Separação de Poderes deve evoluir. É o que Krell propõe dizendo que:

> (...) Torna-se evidente que o apego exagerado de grande parte dos juízes brasileiros à teoria da Separação dos Poderes é resultado de uma atitude conservadora da doutrina constitucional tradicional, que ainda não adaptou as suas "lições" às condições diferenciadas do moderno Estado Social e está devendo a necessária atualização e re-interpretação de velhos dogmas do constitucionalismo clássico.[147]

Desse modo, deve-se evitar interpretações anacrônicas do Princípio da Separação de Poderes, que venham a resultar numa Hermenêutica de Bloqueio, que a pretexto de não permitir a intromissão de determinado poder na seara de competência de outro, permite, em efetivo, a violação de Direitos Fundamentais sob uma aparência de legalidade. É evidente que a Separação de Poderes tem a função de distribuir competências, harmonizando a atuação das funções estatais, todavia, tal princípio não pode servir de óbice a realização dos Direitos Fundamentais.

---

[145] CANOTILHO, Joaquim José Gomes. *Constitução dirigente e vinculação do legislador*. Coimbra: Coimbra Editora, 1994, p. 250.

[146] "O Estado Social moderno requer uma reformulação funcional dos poderes no sentido de uma distribuição que garanta um sistema eficaz de freios e contrapesos, para que 'a separação dos poderes não se interponha como véu ideológico que dissimule e inverta a natureza eminentemente política do direito'. Na medida que as leis deixam de ser vistas como programas finalísticos, o esquema clássico da divisão dos poderes perde sua atualidade (...). Por isso, deve existir a possibilidade de cobrança das obrigações de fazer do poder público estabelecidas na própria constituição, sendo a sindicabilidade judicial a regra, o que vale especialmente para os objetivos de algumas políticas sociais que foram claramente formulados no texto" KRELL, Andreas. *Direitos sociais e controle judicial no Brasil e na Alemanha*. Porto Alegre: Sergio Antonio Fabris Editor, 2002, p. 91.

[147] Idem, ibidem, p. 90-91.

O Princípio da Proibição do Retrocesso Social, compreendido como corolário do Estado Democrático de Direito, vincula a todos os poderes estatais, de forma geral, o que se entende, contemporaneamente, através de uma gestão harmônica. Todavia, suas repercussões são peculiares em cada uma das funções estatais. A aplicação do Princípio no âmbito do Poder Legislativo leva à constatação irrefutável de uma diminuição na liberdade de conformação legislativa, notadamente em respeito ao núcleo essencial dos Direitos Fundamentais; quanto ao Poder Executivo, a aplicação do Princípio nas suas atividades peculiares denota a importância da elaboração de políticas públicas condizentes com os preceitos constitucionais e da impossibilidade de retroceder nos Direitos Fundamentais realizados, sem algum tipo de compensação; e, finalmente, ao Poder Judiciário, cabe através do que Streck denomina de "intervencionismo substancialista"[148] realizar o controle dos atos dos poderes, buscando adequá-los aos preceitos constitucionais dirigentes.

6.2. Da necessidade de uma administração pública compromissária

A clássica noção de Administração Pública aponta para o modo-de-ser liberal individualista, ligada a conceitos tecnificantes, como o da estrita legalidade. Essa posição anacrônica dos operadores do direito administrativo importa na crise existente na utilização de pressupostos da modernidade incondizentes com paradigma do Estado Democrático de Direito.

Um exemplo disso – da crise dos fundamentos do Direito Administrativo – encontra-se na concepção tradicional – e ainda vigorante no Direito Administrativo – de uma relação jurídica entre administrador e administrado,[149] com o primeiro apossando-se da prerrogativa

---

[148] STRECK, Lenio Luiz. O papel da jurisdição constitucional na realização dos direitos sociais-fundamentais. In: *Direitos Fundamentais Sociais*: Estudos de Direito Constitucional, Internacional e Comparado. Ingo Wolfgang Sarlet (org.). Rio de Janeiro: Renovar, 2003, p. 202.

[149] "A busca da igualdade é uma das questões centrais, deixando a administração de possuir aquela postura autoritária que, de certo modo, ainda permaneceu no Estado social, em razão de seu caráter interventivo. (...) O modelo tradicional da relação administração-cidadão, baseado na hierarquia cede espaço para a atividade de coordenação, assumindo importância a construção do interesse público de

de titular do Interesse Público. Tal concepção revela a existência das dicotomias (metafísicas) "Estado X Sociedade", "Público X Privado". Tais distinções, todavia, perdem o sentido, uma vez que o Estado Democrático de Direito, visto em seu aspecto transformador, vem a ser o *locus* promotor da efetivação dos Direitos Fundamentais Sociais.

Outro aspecto a salientar, em relação à referida crise, é a mudança do sentido do Princípio da Legalidade. Deve-se perceber que, na contemporaneidade, o Princípio da Legalidade passa a ter nova conotação, porque vinculado à ponderação de Princípios Constitucionais. Não é plausível o intérprete restar condicionado a uma legalidade tecnificante, entificando o sentido. Só se pode ter acesso ao ente através do seu ser, no caso, a norma, que é o texto mais o sentido. Como conclui Ohlweiler:

> (...) o regime administrativo precisa ser compreendido por meio de uma Teoria da Significação Ôntico-Ontológica, ou seja, é preciso remontar às raízes do *Dasein* (jurídico-administrativo) para tornar possível a realização da distinção entre ente e ser, quer dizer, a problematização filosófica que remete a pergunta pelo Ser não é outra coisa que a possibilidade da diferença ontológica.[150]

O intérprete deve ter em mente que o que vincula a administração pública é o sentido, que só pode ser alcançado se o intérprete compreender a noção de diferença ontológica. Corolário, a própria noção de Princípio da Legalidade – que, segundo a visão objetificada da Dogmática Jurídica seria a vinculação compulsória da Administração Pública à lei que criou (fetichismo legal) – evolui, no paradigma do Estado Democrático de Direito, no sentido do que Ohlweiler[151] denomina de "Jurisprudencialização da Legalidade no Direito Administrativo". Nas suas palavras:

---

modo compatilhado com a população, além da crescente diminuição dos espaços de discricionariedade e incentivo das práticas fundamentadas na conciliação de interesses. Destarte, um dos fatores determinantes para tal postura do Estado frente ao administrado, também, reside na mutação realizada na própria idéia de interesse público, ultrapassando-se a concepção de homogeneidade para a situação de heterogeneidade, considerando a multiplicidade de interesses públicos envolvidos e a superação do dogma de pertencer com exclusividade à administração" OHLWEILER, Leonel Pires. Estado, Administração Pública e Democracia. Condições de possibilidade para ultrapassar a objetificação do regime administrativo. *Anuário do PPG em Direito da Unisinos*. São Leopoldo: Unisinos, 2003, p. 292-293.

[150] Idem, ibidem, p. 303.

[151] OHLWEILER, Leonel Pires. A pergunta pela técnica e os eixos dogmáticos do direito administrativo: algumas repercussões da fenomenologia hermenêutica. *Anuá-*

É possível, assim, pensar a legalidade de um modo não objetificado, agora como juridicidade (hermenêutica), lançando um questionamento pelo ser, até porque, via de regra, o ser da legalidade é interpretado como a idéia do ente-legalidade, tomado como representação. Fenomenologicamente, a vida de acesso para este pensar é ir às coisas mesmas, localiza-se em assumir a postura de estranhamento diante do modo-de-ser-cotidiano da dogmática jurídico-administrativa, abrindo-se uma clareira para que o ser-do-princípio-legalidade venha a manifestar-se, desocultando-se".[152]

E, mais adiante, complementa:

A legalidade, assim, há de ser compreendida como condição de possibilidade para uma ação administrativa transformadora do *status quo*, construída a partir de um conjunto de indicações formais constitucionais como a cidadania (art. 1º, II), dignidade da pessoa humana (art. 1º, III), erradicação da pobreza (art. 3º, III), moralidade (art. 37, *caput*) etc.[153]

Nesse sentido, a legalidade deve ser vista como forma de consecução dos objetivos do Estado Democrático de Direito, no qual o Princípio da Dignidade da Pessoa Humana é basilar. Dessa forma, surge a idéia implícita de que, ao consagrar tal Princípio expressamente, aliado ao caráter transformador e intervencionista do Estado Democrático de Direito, estaria configurado o dever do Estado a proteger a dignidade humana, configurando-se, sua omissão, em uma ofensa ao ordenamento. É nesse contexto que deve ser considerada a discricionariedade administrativa.

A discricionariedade das políticas de governo é larga, mas não absoluta. Discricionariedade não significa plena liberdade, nem arbitrariedade, afinal, os governos constitucionais devem atuar de acordo com a Constituição. Do mesmo modo, a política não pode ser conduzida simplesmente por juízos de oportunidade, mas também está vinculada a padrões e parâmetros jurídicos, especialmente constitucionais.[154]

O papel da Administração, nesse sentido é, rompendo com as questões metafísicas, importar-se em realizar políticas públicas que busquem implementar as diretivas constitucionais. Em face do caráter transformador do Estado Democrático de Direito, o papel da Administração é realizar os Direitos Fundamentais que demandam uma atuação positiva do Estado. Na consecução dos objetivos do Es-

---

rio do PPG em Direito da Unisinos. Porto Alegre: Unisinos e Livraria do Advogado, 2005, p. 9.

[152] Idem, ibidem, p. 13.

[153] Idem, ibidem, p. 15

[154] BERCOVICI, Gilberto. *Desigualdades regionais, Estado e Constituição.* São Paulo: Max Limondad, 2003, p. 290.

tado, é imperiosa a observância do Princípio da Proporcionalidade, que se refere aos meios utilizados para a implementação dos objetivos do Estado. Em face do duplo viés dos Direitos Fundamentais no Estado Democrático de Direito, fala-se da *dupla face do Princípio da Proporcionalidade*: o garantismo negativo (em face dos excessos do Estado) e o garantismo positivo, no sentido de que o Estado não pode deixar de proteger determinado direito fundamental.

Dessa forma, resta claro que o Princípio da Proibição do Retrocesso Social é vinculante às atividades da Administração Pública que, independentemente da ideologia política que adote, está proibida de atentar contra os Direitos Fundamentais implementados. A proteção aos Direitos fundamentais, além disso, figura como fator de legitimação e deslegitimação da ação administrativa. Nas palavras de Ohlweiler:

> No campo do Direito Administrativo, pode-se apresentar relevante deslocar o foto de atenção do ato administrativo como eixo central para a figura da ação administrativa, aqui podendo ser tranquilamente trabalhadas todas as dimensões do agir administrativo, liberal, social e democrático, mas sem fixar fronteiras metafísicas. A ação administrativa funciona como elemento de re-união das diversas dimensões do agir da Administração Pública. Outro aspecto fundamental relaciona-se à legitimidade desta ação administrativa. A partir da concepção teórica aqui adotada, os direitos fundamentais atuam como fatores de legitimação e de deslegitimação da ação administrativa.[155]

Em síntese, evidencia-se que uma Administração Pública, vista como dirigente e compromissária, tem como condição de possibilidade a leitura contemporizada dos Princípios da Legalidade e da Separação de Poderes, que rompa com as concepções metafísicas calcadas num paradigma racional-exegético.

Nesse sentido, a observância do Princípio da Proibição do Retrocesso Social, compreendido como corolário do Estado Democrático de Direito, a partir das noções de Segurança Jurídica e Confiança, é um imperativo de constitucionalidade e de legitimação dos atos da Administração Pública. O núcleo essencial dos Direitos Fundamentais atua como um protetor contra medidas retrocessivas por parte da Administração Pública e, mais do que isso, como verdadeiro legitimador/delimitador das Políticas Públicas.

---

[155] OHLWEILER, Leonel Pires. *Teoria versus prática*: em busca da função social da dogmática jurídica (o exemplo privilegiado do Direito Administrativo), p. 24.

Revela-se evidente que uma Administração Pública dirigente e compromissária tem como condição de possibilidade a observância do Princípio da Proibição do Retrocesso Social, no sentido de elaborar políticas públicas que visem o cumprimento das promessas constitucionais, salvaguardando os Direitos Sociais já realizados. Dessa forma, a Administração Pública, no paradigma do Estado Democrático de Direito, abandona as leituras tecnificantes e passa a ter o dever (a pré-ocupação) de transformação do *status quo* através da efetivação e da proteção dos Direitos Fundamentais Sociais.

6.3. O Poder Legislativo e a proibição do retrocesso social

O Poder Legislativo é a expressão da autonomia do Estado. Trata-se da função estatal que elabora as regras jurídicas que disciplinam as relações dos particulares e do próprio Estado. Disso decorre um princípio fundamental do Estado de Direito: o da submissão do Poder ao Direito. Trata-se de uma relação geralmente caracterizada pela tensão entre o "ser" e o "dever ser", que o Direito, através de seus instrumentos busca resolver, através da harmonização.

A autonomia é a característica do Poder Legislativo. Por razões óbvias, a evolução social – notadamente nas últimas décadas – restou por cobrar desse poder estatal uma maior agilidade e a elaboração de regras cada vez mais específicas, em virtude da complexidade. Atualmente, o que se percebe nos Estados Democráticos é o fenômeno da *inflação legislativa*, responsável – entre outros fatores – pela dificuldade de harmonização do sistema jurídico em face de normas potencialmente conflitantes.

A adoção de uma Teoria da Constituição adequada ao modelo constitucional brasileiro[156] – considerada em seu caráter normativo e dirigente – implica que a elaboração das normas jurídicas estejam

---

[156] Trata-se, no dizer de Streck, de uma Teoria da Constituição Dirigente adequada a países de modernidade tardia (TCDAPMT), que nas suas palavras "implica uma interligação com uma teoria do Estado, visando à construção de um espaço público, apto a implementar a Constituição em sua materialidade. Dito de outro modo, uma tal teoria da Constituição dirigente não prescinde da teoria do Estado, apta a explicitar as condições de possibilidade para a implantação das políticas de desenvolvimento constantes – de forma dirigente e vinculativa – no texto da Constituição". STRECK, Lenio Luiz. *Jurisdição Constitucional e Hermenêutica: uma nova crítica do direito.* 2ª ed. Rio de Janeiro: Forense, 2004, p. 135-136.

subordinadas aos Princípios decorrentes do Estado Democrático de Direito, entre os quais, o Princípio da Proibição do Retrocesso Social.

Dessa forma, a atribuição de sentido do Princípio da Proibição do Retrocesso Social – em consonância com os Princípios da Segurança Jurídica e da Confiança – implica no reconhecimento de uma seara de proteção aos Direitos Fundamentais Sociais, no que tange ao seu núcleo essencial. Dessa forma, a liberdade de conformação legislativa – inerente à noção de Estado de Direito – deve ser ponderada, em virtude de outros princípios constitucionais, como informa Canotilho:

> A liberdade de conformação do legislador nas leis sociais nunca pode afirmar-se sem reservas, pois está sempre sujeita ao princípio da igualdade, princípio da proibição de discriminações sociais e de políticas antisociais.[157]

Tais limitações – criando uma espécie de zona de proteção aos valores constitucionais mais relevantes – visam, em última análise, a consecução do princípio da dignidade da pessoa humana. É o que Canotilho assevera, ao afirmar que:

> A liberdade de conformação do legislador e inerente auto-reversibilidade têm como limite o núcleo essencial já realizado, sobretudo quando o núcleo essencial se reconduz à garantia do mínimo de existência condigna inerente ao respeito pela dignidade da pessoa humana.[158]

Nesse sentido, uma vez que a Constituição adquire caráter normativo e dirigente, ocorre a vinculação da atividade estatal a seus princípios. Nesse sentido é que restam evidentes as limitações à conformação legislativa,[159] no sentido de que não há absoluta liberdade

---

[157] CANOTILHO, Joaquim José Gomes. *Constituição dirigente e vinculação do legislador*. Coimbra: Coimbra Editora, 1994, p. 339.

[158] Idem, ibidem, p. 340.

[159] Streck "o modelo e Estado Democrático de Direito implica a sujeição do político ao jurídico. As Constituições assumem um papel compromissário e dirigente. A liberdade de conformação legislativa fica sobremodo restringida, porque vinculada também materialmente ao texto constitucional. E as promessas da modernidade incumpridas passam a ter status constitucional, a partir da inserção no texto da Constituição a idéia de Estado Social (art. 3º), que representa as possibilidades de resgate das promessas da modernidade incumpridas no país, em que a etapa do Welfare State não passou de um simulacro" STRECK, Lenio Luiz. *A dupla face do princípio da proporcionalidade e o cabimento de Mandado de Segurança em matéria criminal*: superando o ideário liberal-individualista-clássico. Disponível em <www.ihj. org.br>, acesso em 05/05/2005.

para a atuação do poder legislativo, que permanece vinculado aos valores e princípios constitucionais. Informa Sarlet[160] que

> A constituição confere ao legislador uma margem substancial de autonomia na definição da forma e medida em que o direito social deve ser assegurado, o chamado "livre espaço de conformação" (*Ausgestaltungspielraum*). Essa função legislativa seria degradada se entendida como mera função executiva da constituição. Num sistema político pluralista, as normas constitucionais sobre direitos sociais devem ser abertas para receber diversas concretizações consoantes às alternativas periodicamente escolhidas pelo eleitorado. A apreciação dos fatores econômicos para uma tomada de decisão quanto às possibilidades e aos meios de efetivação desses direitos cabe principalmente aos governos e parlamentos.[161]

6.4. O Poder Judiciário e o intervencionismo substancialista

O Poder Judiciário é considerado, atualmente, o depositário das esperanças de modificação do *status quo* e do resgate das promessas da modernidade. O Estado brasileiro apresenta como característica histórica a funesta dicotomia evidenciada na positivação de Direitos Constitucionais e na ineficiência dos poderes estatais em realiza-los. O sentimento decorrente de tal fenômeno é tão conhecido na sociedade brasileira que até mesmo recebeu o nome de "frustração constitucional".

O Poder Judiciário tornou-se o depositário das esperanças, nesse sentido, em virtude de que, em face do Princípio Constitucional da inafastabilidade da jurisdição, proposta uma demanda, o Judiciário não pode furtar-se a julgá-la. Tal realidade vem, no dizer de Streck, provocar o deslocamento da tensão, de procedimentos políticos, para os procedimentos judiciais:

> Tais fatores provocam um redimensionamento na clássica relação entre os Poderes do Estado, surgindo o Judiciário (e suas variantes de justiça constitucional, nos países que adotaram a fórmula de tribunais *ad hoc*) como uma alternativa para o resgate das promessas da modernidade, onde o acesso à justiça assume um papel de fundamental importância, através do deslocamento da esfera da tensão, até então calcada nos procedimentos políticos, para os procedimentos judiciais.[162]

---

[160] SARLET, Ingo Wolfgang. *A eficácia dos direitos fundamentais*. Porto Alegre: Livraria do Advogado, 2003, p. 65.

[161] KRELL, Andréas. *Direitos sociais e controle social no Brasil e na Alemanha*. Porto Alegre: Sergio Antonio Fabris Editor, 2002, p. 22.

[162] STRECK, Lenio Luiz. O papel da jurisdição constitucional na realização dos direitos sociais-fundamentais. In: *Direitos Fundamentais Sociais: Estudos de Direito*

Obviamente, os operadores do Direito com entendimento calcado no paradigma liberal-individualista observam tal fenômeno com certa perplexidade. Não estaria havendo invasão de competências por parte do Poder Judiciário? O Estado estar-se-ia transformando em uma *República de Juízes?* Em meio a tal construção doutrinária, surge a questão formulada por Streck:

> Em face disso, a pergunta é inevitável: como é possível que juízes (constitucionais ou não), não eleitos pelo voto popular, possam controlar e anular leis elaboradas por um poder eleito para tal e aplicadas por um Poder Executivo também eleito? O princípio da maioria pode ceder espaço para a supremacia da Constituição que estabelece, em seu texto, formas de controle sobre a assim denominada "liberdade de conformação do legislador.[163]

Krell analisa a questão, assinalando para a necessidade de revisão do dogma da Separação de Poderes com vistas ao cumprimento das promessas constitucionais:

> Em princípio, o Poder Judiciário não deve intervir em esfera reservada a outro Poder para substituí-lo em juízos de conveniência e oportunidade, querendo controlar as opções legislativas de organização e prestação, a não ser, excepcionalmente, quando haja uma violação evidente e arbitrária, pelo legislador, da incumbência constitucional. No entanto, parece-nos cada vez mais necessária a revisão a revisão do vetusto dogma da Separação dos Poderes em relação ao controle dos gastos públicos e da prestação dos serviços básicos no Estado Social, visto que os Poderes Legislativo e Executivo no Brasil se mostraram incapazes de garantir um cumprimento racional dos respectivos preceitos constitucionais.[164]

Aliás, como bem assevera Enterria,[165] sempre houve a tendência de criar instâncias incontroláveis do poder, com vistas a permitir ilegalidades e a predominância dos interesses dos detentores do poder. Referindo-se especificamente a questão da Administração Pública, informa que a história do Direito se confunde com a história da redução dessas imunidades. Nas suas palavras:

Constitucional, Internacional e Comparado. Ingo Wolfgang Sarlet (org.). Rio de Janeiro: Renovar, 2003, p. 172.

[163] STRECK, Lenio Luiz.Jurisdição *Constitucional e Hermenêutica: uma nova crítica do direito.* 2ª ed. Rio de Janeiro: Forense, 2004, p. 102.

[164] KRELL, Andréas. *Direitos sociais e controle social no Brasil e na Alemanha.* Porto Alegre: Sergio Antonio Fabris Editor, 2002, p. 22.

[165] ENTERRIA, Eduardo Garcia de. *La lucha contra las inmunidades del Poder en el Derecho Administrativo.* Madrid: Editora Civitas, 1983.

La historia de la reducción de estas inmunidades, de esta constante resistencia que la Administración ha opuesto a la exigencia de un control judicial plenario de sus actos mediante la cwonstituición de reductos exentos y no fiscalizables de su propia actuación, podemos decir que es, en general, la historia misma del Derecho Administrativo.[166]

Todavia, em que pese a constante evolução do pensamento jurídico, o controle judicial dos atos dos demais poderes estatais – mormente no que tange às omissões inconstitucionais – encontra resistências no Direito pátrio, em virtude de que quando se fala em *dever*, está implícita a idéia de *controle*. Krell esclarece que:

> muitos autores e juízes não aceitam, até hoje, uma obrigação do Estado de prover diretamente uma prestação a cada pessoa necessitada de alguma atividade de atendimento médico, ensino, de moradia ou de alimentação. Nem a doutrina nem a jurisprudência têm percebido o alcance das normas constitucionais programáticas sobre direitos sociais, nem lhes dado aplicação adequada como princípios-condição da justiça social. A negação de qualquer tipo de obrigação a ser cumprida na base dos Direitos Fundamentais Sociais tem como conseqüência a renuncia de reconhece-los como verdadeiros direitos (...) Em geral, está crescendo o grupo daqueles que consideram os princípios constitucionais e as normas sobre direitos sociais como fonte de direitos e obrigações e admitem a intervenção do Judiciário em caso de omissões inconstitucionais.[167]

Percebe-se que um dos Principais argumentos contrários ao Controle Judicial dos atos dos demais poderes calca-se numa leitura vetusta e ultrapassada do Princípio da Separação dos Poderes, onde o Judiciário não poderia intervir em assuntos que seriam afetos unicamente à administração. Torna-se necessário, nesse sentido, que o intérprete (através da "Consciência histórico-efeitual") passe a compreender a Separação de Poderes, não como um entrave (metafísico) à realização dos objetivos do Estado Democrático de Direito, mas como um instrumento de controle entre os poderes, visando à efetivação dos Direitos Fundamentais Sociais e à observância da programaticidade constitucional.

Nesse sentido, tem-se dois fatores: Num primeiro momento, percebe-se a inadequação da atuação dos demais poderes aos pre-

---

[166] ENTERRIA, Eduardo Garcia de. *La lucha contra las inmunidades del Poder en el Derecho Administrativo*. Madrid: Civitas, 1983, p.22.

[167] KRELL, Andreas J. *Direitos Sociais e Controle Jucidial no Brasil e na Alemanha*: os descaminhos de um direito constitucional "comparado". Porto Alegre: Sergio Fabris Editor, 2002, p. 23.

O Princípio da Proibição do Retrocesso Social

ceitos constitucionais dirigentes. Paralelamente, um grande abismo separa as promessas da modernidade (ainda não cumpridas) da realidade social. A conjugação desses dois fatores tem, na contemporaneidade, deslocado o foco de tensão relativo a inefetividade dos Direitos Fundamentais para o Poder Judiciário, que tem sido provocado a realizar o controle dos atos dos demais poderes. É nesse sentido que cabe ao Judiciário uma postura diferenciada no paradigma do Estado Democrático de Direito, exercendo um controle efetivo sobre a Administração Pública, no que tange à sua vinculação ao texto constitucional.

> Nos países periféricos como o Brasil, a atuação de muitos juízes se caracteriza pela resistência em assumir a sua co-responsabilidade na ação providencial do Estado. Nessa linha, exige-se um Judiciário intervencionista que realmente ousa controlar a falta de qualidade das prestações dos serviços básicos e exigir a implementação de políticas sociais eficientes, não podendo as decisões da Administração Pública se distanciar da "programaticidade principiológica da constituição.[168]

Nesse sentido, entende Bercovici pela possibilidade de controle judicial da adequação das políticas públicas aos preceitos constitucionais:

> As políticas públicas podem ser controladas, dessa forma, não apenas em seus aspectos de legalidade formal, mas também no tocante à sua adequação ao conteúdo e aos fins da Constituição, que são, entre outros, fundamentalmente os fixados no artigo 3º. A redução das desigualdades regionais é um imperativo que deve permear todas as políticas públicas propostas e executadas no Brasil. É inconstitucional, portanto, qualquer política que atente contra os fins determinados na Constituição de 1988, que desconsidere ou prejudique o desenvolvimento e a diminuição das disparidades regionais.[169]

Resta claro, nesse sentido, o papel central que exerce a atuação do Poder Judiciário para a realização dos Direitos Fundamentais Sociais, através de um *intervencionismo substancialista*,[170] agindo de maneira ativa na busca pela concretização dos mesmos. A Jurisdi-

---

[168] KRELL, Andreas J. *Direitos Sociais e Controle Jucidial no Brasil e na Alemanha*: os descaminhos de um direito constitucional "comparado". Porto Alegre: Sergio Fabris Editor, 2002, p. 98.

[169] BERCOVICI, Gilberto. *Desigualdades regionais, estado e constituição*, p. 304.

[170] STRECK, Lenio Luiz. O papel da jurisdição constitucional na realização dos direitos sociais-fundamentais. In: *Direitos Fundamentais Sociais*: Estudos de Direito Constitucional, Internacional e Comparado. Ingo Wolfgang Sarlet (org.). Rio de Janeiro: Renovar, 2003, p. 202.

ção Constitucional assume papel extremamente relevante no Brasil, uma vez que, em face do abismo existente entre a realidade social e as promessas da modernidade ainda não cumpridas, o foco de tensão – mormente em relação aos Direitos Fundamentais Sociais – tem se deslocado ao Poder Judiciário. É nesse sentido que, na contemporaneidade, pode-se afirmar que a "Jurisdição Constitucional passa a ser condição de possibilidade do Estado Democrático de Direito".[171]

Em suma, a mudança de paradigma proporcionada pelo Estado Democrático de Direito impõe ao Estado, em todas as suas esferas de poder, o respeito ao Princípio da Dignidade da Pessoa Humana e a efetivação dos Direitos Fundamentais Sociais, através do duplo viés do Princípio da Proporcionalidade (garantismo negativo e positivo). Tais premissas vinculam toda a atividade estatal, diminuindo consideravelmente a liberdade de conformação legislativa e dirigindo a atividade do Executivo, que deve pautar-se por políticas públicas que visem transformar o *status quo*. À Jurisdição Constitucional, nessa fase do constitucionalismo moderno, cabe realizar um papel de controle da administração e de realização dos Direitos Fundamentais Sociais, uma vez que os paradoxos resultantes do abismo entre as promessas da modernidade e a realidade social acabam por desaguar no Poder Judiciário.

---

[171] STRECK, Lenio Luiz. O papel da jurisdição constitucional na realização dos direitos sociais-fundamentais. In: *Direitos Fundamentais Sociais*. Idem, p. 213.

Capítulo III

A proibição do retrocesso social: O Estado da arte e o discurso decisório do STF

1. O Tribunal Constitucional Português

1.1. O Caso do Acórdão 39/84

A controvérsia apresentada ao Tribunal Constitucional Português versava sobre a revogação dos artigos 18° a 61°, 64° e 65° da Lei n° 56/79, de 15 de Setembro, que equivalia à destruição ou inutilização do Serviço Nacional de Saúde (SNS), criado pela Lei n° 56/79 e previsto no n° 2 do artigo 64° da Constituição. O ajuizamento da Ação deu-se em virtude da alegação de invasão de competência legislativa, eis que

> o preceito legal questionado, estando inserido num decreto-lei (ou seja num diploma legislativo do Governo) e revogando disposições de uma lei da Assembleia da República que contém as bases do Serviço Nacional de Saúde, está por isso a invadir a competência legislativa reservada da Assembleia da República, pois tal matéria, cabendo no âmbito de um dos direitos fundamentais (o direito à protecção da saúde, previsto no artigo 64º da Constituição da República Portuguesa) e devendo gozar do regime dos "direitos, liberdades e garantias" referido no artigo 17º da Constituição da República Portuguesa, estava por isso mesmo abrangida na alínea c) do artigo 167º da Constituição (no seu primitivo texto).[172]

Tratava-se, portanto, de questão relacionada à inconstitucionalidade orgânica, um vício referente ao Processo Legislativo. Porém, da análise da inicial os julgadores inferiram uma questão mais relevante que envolvia a controvérsia, referente à inconstitucionalidade substancial de norma que equivale "à destruição ou inutilização do Serviço Nacional de Saúde".[173]

---

[172] PORTUGAL. Tribunal Constitucional. Acórdão 39/84. Obtido, por meio eletrônico, mediante solicitação no *site* <http://www.tribunalconstitucional.pt> em 8 nov. 2005.

[173] Idem, ibidem.

Nesse sentido, o Tribunal entendeu "já não um problema de inconstitucionalidade orgânica, mas sim um problema de inconstitucionalidade material",[174] uma vez que a lei importava na "destruição ou inutilização do Serviço Nacional de Saúde e sendo este uma forma de realização do direito à protecção da saúde, constitucionalmente garantido no artigo 64º da Constituição da República Portuguesa, então estará em causa não apenas a incompetência do Governo para revogar tais normas, mas também, eventualmente, a própria admissibilidade constitucional de tal revogação".[175]

Ao decidir pela inconstitucionalidade material do referido diploma legal, o Tribunal considerou que poderia dar-se por adquirido que:

a) A Lei nº 56/79, criando o Serviço Nacional de Saúde, é uma forma de realizar um direito fundamental, o direito à protecção da saúde, contemplado no artigo 64º da Constituição, designadamente cumprindo a tarefa constitucional consignada no nº 2 desse preceito constitucional;

b) A Lei nº 56/79 é uma lei em que a Assembléia da República se limitou a definir as bases gerais do regime jurídico do Serviço Nacional de Saúde, confiando ao Governo o seu desenvolvimento legislativo, mediante decreto-lei;

c) Através do artigo 17º do Decreto-Lei nº 254/82, ao revogar a maior parte dos preceitos da Lei nº 56/79, o Governo legislou em matéria do direito à saúde e extinguiu na verdade o Serviço Nacional de Saúde, instituído por aquela lei.[176]

Considerado isso, a pergunta formulada para equacionar a questão foi: "Podia o Serviço Nacional de Saúde, criado pela Lei nº 65/79, ser pura e simplesmente extinto?"[177] Em princípio, analisou-se a natureza do direito à saúde, considerado como direito que comporta duas componentes distintas:

a) Uma, que se pode designar por vertente negativa, consiste em dar ao seu titular (os cidadãos em geral) o direito de exigir que ninguém (desde logo e em particular o Estado) actue ou tome qualquer medida lesiva da saúde do cidadão ou dos cidadãos em geral;

---

[174] PORTUGAL. Tribunal Constitucional. Acórdão 39/84. Obtido, por meio eletrônico, mediante solicitação no *site* <http://www.tribunalconstitucional.pt> em 8 nov. 2005.

[175] Idem, ibidem.

[176] Idem, ibidem.

[177] Idem, ibidem.

b) Outra, a que se poderá chamar vertente positiva, consiste em conferir ao cidadão direito a exigir do Estado a actividade e as prestações necessárias para salvaguardar a saúde e tratar as doenças.[178]

A importante constatação do Tribunal vem no sentido de que "é só na sua vertente positiva, enquanto 'direito social' propriamente dito, que o direito à saúde assume configuração própria e autonomia, enquanto direito fundamental específico".[179]

Ao considerar a respeito da "extinção do Serviço Nacional de Saúde e a questão da inconstitucionalidade material do artigo 17° do Decreto- Lei n° 254/82", em primeiro lugar, verificou-se o "O Serviço Nacional de Saúde como tarefa estadual", aduzindo os julgadores que:

O direito à saúde, como a generalidade dos direitos sociais, consiste fundamentalmente num direito dos cidadãos a determinadas acções ou prestações estaduais, com a contrapartida da obrigação do Estado em praticá-las ou prestá-las (...). A criação de um serviço nacional de saúde é, pois, instrumento – o primeiro! – de realização do direito à saúde. Constitui, por isso, elemento integrante de um direito fundamental dos cidadãos e uma obrigação do Estado.

Na tipologia das normas constitucionais de natureza "positiva", "directiva" ou "dirigente" – isto é, daquelas que, em vez de interdizerem, requerem certa acção do Estado –, a norma que determina a criação de um serviço nacional de saúde assume a natureza de uma verdadeira e própria imposição constitucional (...).

Enfim: enquanto em relação à generalidade dos direitos sociais, a Constituição da República Portuguesa não impôs ao Estado a criação de estruturas determinadas, deixando livre, nesse aspecto, a escolha dos meios e formas de realização desses direitos, no caso do direito à saúde – tal como, aliás no caso do direito à segurança social, em que a Constituição impõe a criação de um "sistema de segurança social unificado e descentralizado", nos termos do artigo 63º, nº 2 –, a Constituição da República Portuguesa não se bastou com a consagração genérica do direito à saúde, antes impôs a criação de um serviço próprio, de uma estrutura específica, que, assim, se torna em condição imprescindível e garantia necessária do direito à saúde.[180]

Nesse sentido, considerou-se que não cabia ao legislador dispor a respeito da estrutura de um órgão, cujas diretrizes foram fixadas constitucionalmente, visando à consecução do direito à saúde. Des-

---

[178] PORTUGAL. Tribunal Constitucional. Acórdão 39/84. Obtido, por meio eletrônico, mediante solicitação no *site* <http://www.tribunalconstitucional.pt> em 8 nov. 2005.

[179] Idem, ibidem.

[180] Idem, ibidem.

sa forma, as diretrizes constitucionais foram consideradas, no caso, verdadeira limitação à liberdade de conformação legislativa.

Em segundo lugar, ponderou-se que ao extinguir o Serviço Nacional de Saúde, o Governo coloca o Estado, de novo, na situação de incumprimento da tarefa constitucional que lhe é cometida pelo artigo 64°, n° 2, da Constituição da República Portuguesa.

> Que o Estado não dê a devida realização às tarefas constitucionais, concretas e determinadas, que lhe está tão cometidas, isso só poderá ser objecto de censura constitucional, em sede de inconstitucionalidade por omissão. Mas, quando desfaz o que já havia sido realizado para cumprir essa tarefa, e com isso atinge uma garantia de um direito fundamental, então a censura constitucional já se coloca no plano da própria inconstitucionalidade por acção.[181]

Nesse sentido, concluem os julgadores que "O Estado não pode voltar atrás, não pode descumprir o que cumpriu, não pode tornar a colocar-se na situação de devedor":

> É que aí a tarefa constitucional a que o Estado se acha obrigado é uma garantia do direito fundamental, constitui ela mesma objecto de um direito dos cidadãos. Quando a tarefa constitucional consiste na criação de um determinado serviço público (como acontece com o Serviço Nacional de Saúde) e ele seja efectivamente criado, então a sua existência passa a gozar de protecção constitucional, já que a sua abolição implicaria um atentado a uma garantia institucional de um direito fundamental e, logo, um atentado ao próprio direito fundamental. A abolição do Serviço Nacional de Saúde não significa apenas repor uma situação de incumprimento, por parte do Estado, de uma concreta tarefa constitucional; uma vez que isso se traduz na revogação da execução dada a um direito fundamental, esse acto do Estado implica uma ofensa ao próprio direito fundamental. Em grande medida, os direitos sociais traduzem-se para o Estado em obrigação de fazer, sobretudo de criar, certas instituições públicas sistemas escolar, sistema de segurança social, etc.). Enquanto elas não forem criadas, a Constituição só pode fundamentar exigências para que se criem; mas, após terem sido criadas, a Constituição para a proteger a sua existência, como se já existissem à data da Constituição. As tarefas constitucionais impostas ao Estado em sede de direitos fundamentais no sentido de criar certas instituições ou serviços não o obrigam apenas a criá-los, obrigam-no também a não aboli-los uma vez criados.[182]

Nessa trilha que se chegou à atribuição de sentido ao Princípio da Proibição do Retrocesso Social, pelo qual os Direitos Fundamen-

---

[181] PORTUGAL. Tribunal Constitucional. Acórdão 39/84. Obtido, por meio eletrônico, mediante solicitação no *site* <http://www.tribunalconstitucional.pt> em 8 nov. 2005.

[182] Idem, ibidem.

tais realizados passam a constituir uma espécie de reserva contra atos retrocessivos do Estado:

> Quer isto dizer que, a partir do momento em que o Estado cumpre (total ou parcialmente) as tarefas constitucionalmente impostas para realizar um direito social, o respeito constitucional deste deixa de consistir (ou deixa de consistir apenas) numa obrigação, positiva, para se transformar (ou passar também a ser uma obrigação negativa. O Estado, que estava obrigado a actuar para dar satisfação ao direito social, passa a estar obrigado a abster-se de atentar contra a realização dada ao direito social. Note-se que, em qualquer caso, se está perante normas constitucionais bem qualificadas:
> a) São verdadeiras e próprias "imposições constitucionais" e não simples "normas programáticas";
> b) Prescrevem concretas e definidas tarefas constitucionais ao Estado e não vagas e abstractas linhas de acção;
> c) Constituem meios de realização de direitos fundamentais.

E asseveram:

> Impõe-se a conclusão: após ter emanado uma lei requerida pela Constituição para realizar um direito fundamental, é interdito ao legislador revogar essa lei repondo o estado de coisas anterior. A instituição, serviço ou instituto jurídico por ela criados passam a ter a sua existência constitucionalmente garantida. Uma nova lei pode vir alterá-los ou reformá-los, nos limites constitucionalmente admitidos, mas não pode vir extingui-los ou revogá-los.
> Esta conclusão decorre naturalmente da concepção constitucional do direito à saúde como verdadeiro e próprio direito fundamental e do Serviço Nacional de Saúde como garantia institucional da realização desse direito.[183]

Em síntese, o Tribunal Constitucional Português, ao deparar-se com um caso concreto em que a atividade do legislador ordinário acabou por violar substancialmente o núcleo essencial do Direito à Saúde, sem deixar de considerar a "liberdade de conformação legislativa", entendeu pela inconstitucionalidade do referido diploma legal, fundamentando tal decisão no Princípio da Proibição do Retrocesso Social, aduzindo que os Direitos Fundamentais realizados transformam-se em Direitos de Proteção, e que seu núcleo essencial passa a constituir uma garantia institucional em face de medidas retrocessivas.

---

[183] PORTUGAL. Tribunal Constitucional. Acórdão 39/84. Obtido, por meio eletrônico, mediante solicitação no *site* <http://www.tribunalconstitucional.pt> em 8 nov. 2005.

1.2. O Caso do Acórdão 509/02

A controvérsia versava a respeito da revogação do *rendimento mínimo garantido* previsto na Lei n° 19-A/96, de 29 de Junho, sendo que a dúvida de constitucionalidade referia-se ao artigo 4°, n° 1, referia-se:

> a dúvida de constitucionalidade que se suscita é se, quando reconverteu, de uma forma geral, o anterior rendimento mínimo garantido em rendimento social de inserção, o legislador podia ter privado, genericamente, as pessoas de idade inferior a 25 anos da titularidade dos direitos que lhe era anteriormente reconhecida ou atribuída, sem que se vislumbre uma justificação, constitucionalmente apoiada, para proceder a tal discriminação relativamente às pessoas maiores de 25 anos.[184]

Destarte, a questão versava sobre a possibilidade de suprimir os direitos das pessoas com idade inferior a 25 anos, que deixariam de ser destinatárias do referido benefício social. Para responder à referida questão, os julgadores passaram a analisar os limites à liberdade de conformação legislativa e questões referentes ao Princípio da Reserva do Possível e do respeito ao Mínimo de Existência condigna, decorrente da idéia de Estado Democrático de Direito.

Em princípio, analisou-se o rendimento social de inserção como a consecução dos objetivos do Estado, correspondente "à obrigação derivada de (...) organizar um sistema de segurança social em ordem a proteger 'os cidadãos na doença, velhice, invalidez, viuvez e orfandade, bem como no desemprego e em todas as outras situações de falta ou diminuição de meios de subsistência ou de capacidade para o trabalho' (artigo 63°, n° 3, da CRP)".[185]

A respeito da liberdade de conformação legislativa, considerou-se que "sem perda do poder de conformação autónomo reconhecido ao legislador em Estado de direito democrático, a partir e à medida que, de acordo com as suas disponibilidades financeiras, o Estado vai realizando esses direitos sociais e dando cumprimento às imposições constitucionais e deveres de prestação que deles decorrem, deixa de dispor livre e arbitrariamente do grau e medida entretanto realizados desses direitos".[186]

---

[184] PORTUGAL. Tribunal Constitucional. Acórdão 509/02. Disponível <http://www.tribunalconstitucional.pt> em 8 nov. 2005.

[185] Idem, ibidem.

[186] Idem, ibidem.

Com relação ao Princípio da Reserva do Possível, aduziram os julgadores que:

> mesmo quando – atendendo à natureza sob reserva do possível ou do financeiramente possível que os direitos sociais apresentam – não se sustente, como fazem, todavia, alguns Autores, a existência de um princípio constitucional de proibição do retrocesso nas prestações entretanto reconhecidas no domínio dos direitos sociais, é opinião doutrinária e jurisprudencialmente comum que o Estado só pode afectar o conteúdo realizado dos direitos sociais ou dos direitos derivados a prestações neles baseados quando se sustente numa comprovada incapacidade material, designadamente financeira, para manter a medida entretanto reconhecida de realização daqueles direitos ou quando a tal se veja compelido por força da necessária realização de outros valores de natureza constitucional.[187]

Em seguida, com base nos Princípios da Confiança e no Princípio da Segurança Jurídica, os julgadores aduzem em consonância com o entendimento de José Carlos Vieira de Andrade, que:

> (...) é difícil aceitar um princípio geral do "acquis social" ou da "proibição do retrocesso", sob pena de se sacrificar a "liberdade constitutiva" do legislador, sobretudo numa época em que ficou demonstrado que não existe uma via única e progressiva para atingir a sociedade justa.
> Todavia, pode-se admitir que existe uma certa garantia de estabilidade:
> o uma garantia mínima, no que se refere à proibição feita ao legislador de pura e simplesmente destruir o nível mínimo adquirido;
> o uma garantia média, quando se exige às leis "retrocedentes" o respeito pelo princípio da igualdade (como proibição do arbítrio) e do princípio da protecção da confiança;
> o uma garantia máxima, apenas nos casos em que se deve concluir que o nível de concretização legislativa beneficia de uma tal "sedimentação" na consciência da comunidade que deve ser tido como "materialmente constitucional".[188]

E complementam que:

> Contudo, isso não implica a aceitação de um princípio geral de proibição do retrocesso, nem uma "eficácia irradiante» dos preceitos relativos aos direitos sociais, encarados como um "bloco constitucional dirigente". A proibição do retrocesso não pode constituir um princípio jurídico geral nesta matéria, sob pena de se destruir a autonomia da função legislativa, degradando-a a mera função executiva da Constituição. A liberdade constitutiva e a auto-revisibilidade, ainda que limitadas, constituem características típicas da função legislativa e elas seriam praticamente eliminadas se, em matérias tão vastas como as abrangidas pelos direitos sociais, o legislador fosse

---

[187] PORTUGAL. Tribunal Constitucional. Acórdão 509/02. Disponível <http://www.tribunalconstitucional.pt> em 8 nov. 2005.

[188] Idem, ibidem.

obrigado a manter integralmente o nível de realização e a respeitar os direitos por ele criados.[189]

Um ponto extremamente relevante a ser considerado é que não obstante ao fato de o Tribunal já ter interpretado o Princípio da Proibição do Retrocesso Social de maneira restritiva, compreendendo o mesmo como proteção aos chamados "direitos adquiridos", tal interpretação é revista no presente acórdão, uma vez que a legislação – cuja inconstitucionalidade foi declarada – trazia a determinação expressa de salvaguarda aos Direitos Adquiridos.

> Este Tribunal já teve, aliás, ocasião de se mostrar particularmente restritivo nesta matéria, pois que no Acórdão nº 101/92 (Acórdãos do Tribunal Constitucional, 21º vol., págs. 389-390), parece ter considerado que só ocorreria retrocesso social constitucionalmente proibido quando fossem diminuídos ou afectados "direitos adquiridos", e isto "em termos de se gerar violação do princípio da protecção da confiança e da segurança dos cidadãos no âmbito económico, social e cultural", tendo em conta uma prévia subjectivação desses mesmos direitos. Ora, no caso vertente, é inteiramente de excluir que se possa lobrigar uma alteração redutora do direito violadora do princípio da protecção da confiança, no sentido apontado por aquele aresto, porquanto o artigo 39º do diploma em apreço procede a uma expressa ressalva dos direitos adquiridos.[190]

Nesse sentido, na atribuição de sentido ao Princípio da Proibição do Retrocesso Social, o Tribunal considerou o mesmo não como um simples protetor do instituto do "Direito Adquirido", mas como um princípio que decorre da noção de Segurança Jurídica e Confiança, consequências, em última análise, da idéia de Estado Democrático de Direito.

Posteriormente, o Tribunal analisa o Princípio da Proibição do Retrocesso como garantia à violação do núcleo essencial dos Direitos Fundamentais, considerado como uma garantia constitucional a um mínimo de existência condigna, no sentido de que o Princípio do Mínimo Existencial apresenta dupla característica:

> Esta afirmação de uma dimensão positiva de um direito ao mínimo de existência condigna, em paralelo com a sua dimensão negativa, parece ter sido igualmente recebida na fundamentação do Acórdão nº 349/91 – e retomada no Acórdão nº 318/99 –, tendo-se aí salientado:

---

[189] PORTUGAL. Tribunal Constitucional. Acórdão 509/02. Disponível <http://www.tribunalconstitucional.pt> em 8 nov. 2005.

[190] Idem, ibidem.

[...] o artigo 63º da Constituição reconhece a todos os cidadãos um direito à segurança social, determinando o nº 4 do mesmo preceito que "o sistema de segurança social protege os cidadãos na doença, velhice, invalidez, viuvez e orfandade, bem como no desemprego e em todas as outras situações de falta ou diminuição de meios de subsistência ou de capacidade para o trabalho".

Este preceito constitucional poderá, desde logo, ser interpretado como garantindo a todo o cidadão a percepção de uma prestação proveniente do sistema de segurança social que lhe possibilite uma subsistência condigna em todas as situações de doença, velhice ou outras semelhantes. Mas ainda que não possa ver-se garantido no artigo 63º da Lei Fundamental um direito a um mínimo de sobrevivência, é seguro que este direito há-de extrair-se do princípio da dignidade da pessoa humana condensado no artigo 1º da Constituição» (cf. Acórdão nº 232/91...).[191]

Trata-se, nesse sentido, de decorrência do princípio da dignidade da pessoa humana, protegendo o núcleo essencial dos Direitos Fundamentais de medidas de cunho retrocessivo:

Daqui se pode retirar que o princípio do respeito da dignidade humana, proclamado logo no artigo 1º da Constituição e decorrente, igualmente, da idéia de Estado de direito democrático, consignado no seu artigo 2º, e ainda aflorado no artigo 63º, nºs 1 e 3, da mesma CRP, que garante a todos o direito à segurança social e comete ao sistema de segurança social a protecção dos cidadãos em todas as situações de falta ou diminuição de meios de subsistência ou de capacidade para o trabalho, implica o reconhecimento do direito ou da garantia a um mínimo de subsistência condigna.[192]

Todavia, os julgadores salientam que existe liberdade de conformação do legislador, no sentido da escolha dos meios adequados para a consecução da dignidade da pessoa humana. Dessa forma, o Princípio da Proibição do Retrocesso Social deve ser ponderado, de forma a não eliminar a liberdade do legislador, característica irrefutável do Estado de Direito.

Todavia, o legislador, "dada a diversidade dos meios possíveis para atingir esse fim" (cfr. *Wolfgang Däubler*, cit.), goza de uma larga margem de liberdade conformadora, podendo decidir "quanto aos instrumentos e ao montante do auxílio", sem prejuízo de dever assegurar sempre o "mínimo indispensável". Essa é uma decorrência do princípio democrático, que supõe a possibilidade de escolhas e de opções que dê significado ao pluralismo e à alternância democrática, embora no quadro das balizas constitucionalmente fixadas, devendo aqui harmonizar-se os pilares em que, nos termos do artigo 1º da Constituição, se baseia a República Portuguesa: por um lado, a dignidade da pessoa humana e, por outro lado, a vontade popular expressa nas eleições.

---

[191] IPORTUGAL. Tribunal Constitucional. Acórdão 509/02. Disponível <http://www.tribunalconstitucional.pt> em 8 nov. 2005.

[192] Idem, ibidem.

Significa isto que, nesta perspectiva, o legislador goza da margem de autonomia necessária para escolher os instrumentos adequados para garantir o direito a um mínimo de existência condigna, podendo modelá-los em função das circunstâncias e dos seus critérios políticos próprios. Assim, in casu, podia perfeitamente considerar que, no que se refere aos jovens, não deveria ser escolhida a via do subsídio – designadamente, a do alargamento do âmbito de aplicação do rendimento social de inserção –, mas antes a de outras prestações, pecuniárias ou em espécie, como bolsas de estudo, de estágio ou de formação profissional ou salários de aprendizagem (maxime, quando associadas a medidas de inserção social).

Pressuposto é, porém, que as suas escolhas assegurem, com um mínimo de eficácia jurídica, a garantia do direito a um mínimo de existência condigna, para todos os casos.[193]

Em suma, a inconstitucionalidade do referido diploma foi declarada, em virtude de que o mesmo vem *"atingir o conteúdo mínimo do direito a um mínimo de existência condigna, postulado, em primeira linha, pelo princípio do respeito pela dignidade humana (...) princípio esse* consagrado pelo artigo 1º da Constituição e decorrente, igualmente, da idéia de Estado de direito democrático, consignado no seu artigo 2º, e ainda aflorado no artigo 63º, nºs 1 e 3, da mesma CRP".[194]

---

[193] PORTUGAL. Tribunal Constitucional. Acórdão 509/02. Disponível <http://www.tribunalconstitucional.pt> em 8 nov. 2005.

[194] Idem, ibidem.

2. Decisões em Tribunais brasileiros

2.1. O Tribunal Regional Federal da 2ª Região

A primeira turma do Tribunal Regional Federal da 2ª Região acolheu, com base no Princípio da Proibição do Retrocesso Social, a tese da imunidade das entidades de ensino sem fins lucrativos, aduzindo que o legislador ordinário, ao regulamentar o art. 195, § 7º, da Constituição Federal, somente poderia conferir maior efetividade à imunidade, nos termos da ementa a seguir:

TRIBUTÁRIO. ENTIDADE DE ENSINO SEM FINS LUCRATIVOS. IMUNIDADE DO ART. 195, § 7º, DA CONSTITUIÇÃO FEDERAL. ILEGITIMIDADE DA LEI 9732/98.

- Trata-se de apelação interposta pelo Instituto Nacional do Seguro Social e de remessa necessária em face de sentença que julgou o pedido procedente, em parte, para determinar que o réu se abstenha de exigir, no exame dos requisitos para o reconhecimento da imunidade constitucional da parte autora, o atendimento ao disposto no art. 1º, da Lei 9732/98, notadamente na parte em que estabelece a exigência de prestação de assistência gratuita, e em caráter exclusivo, a pessoas carentes, em especial a crianças, adolescentes, idosos e portadores de deficiência, cabendo-lhes examinar a observância dos demais requisitos estipulados no art. 14, do Código Tributário Nacional c/c os da Lei 8212/91.

- O art. 195, §7º, da Constituição Federal, traz uma vedação à tributação que tem natureza jurídica de imunidade, sendo ainda norma de eficácia contida, que tem a normatividade necessária a sua imediata aplicação, podendo, contudo, ser condicionada por lei.

- Ocorre que as limitações constitucionais ao poder de tributar, por força do art. 146, II, da Constituição Federal, devem ser regulamentadas por lei complementar, e não por lei ordinária.

- Ainda que a Lei 9732/98 tivesse natureza jurídica de lei complementar, padeceria de vício de inconstitucionalidade material, já que está restringindo imunidade conferida pelo constituinte originário.

- Em razão do princípio da proibição do retrocesso, somente é lícito ao legislador regulamentar o art. 195, § 7º, da Constituição Federal, para estabelecer condições que venham a conferir uma maior efetividade à imunidade em questão, e não para esvaziar seu conteúdo normativo.

- A absoluta gratuidade das atividades das entidades filantrópicas não é e nem poderia ser requisito essencial à fruição do benefício em tela, a uma porque não está contido na Constituição, e a duas porque a lei complementar (art. 14, do Código Tributário Nacional) a ele não alude.

(...)

- Recurso do Instituto Nacional do Seguro Social improvido e remessa necessária improvidos.[195]

Os julgadores analisaram a constitucionalidade da Lei 9732/98, de forma a eximir a parte autora (sociedade civil sem fins lucrativos) do recolhimento da Contribuição Previdenciária, mantendo-se a "isenção" prevista no art. 195, § 7º, da Constituição Federal, que determina que:

Art. 195. A seguridade social será financiada por toda a sociedade, de forma direta e indireta, nos termos da lei, mediante recursos provenientes dos orçamentos da União, dos Estados, do Distrito Federal e dos Municípios, e das seguintes contribuições sociais:

(...)

§ 7º São isentas de contribuição para a seguridade social as entidades beneficentes de assistência social que atendam às exigências estabelecidas em lei.

A sentença de primeiro grau julgou o pedido procedente, em parte, para determinar que o réu se abstenha de exigir, no exame dos requisitos para o reconhecimento da imunidade constitucional da parte-autora, o atendimento ao disposto no art. 1º, da Lei 9.732/98, "notadamente na parte em que estabelece a exigência de prestação de assistência gratuita, e em caráter exclusivo, a pessoas carentes, em especial a crianças, adolescentes, idosos e portadores de deficiência, cabendo-lhes examinar a observância dos demais requisitos estipulados no art. 14, do Código Tributário Nacional c/c os da Lei 8212/91".[196] O Tribunal confirmou a decisão de primeiro grau, fundamentando que:

Em razão do princípio da proibição do retrocesso, somente é lícito ao legislador regulamentar o art. 195, § 7º, da Constituição Federal, para estabelecer condições

---

[195] BRASIL. Tribunal Regional Federal da 2ª Região. Acórdão disponível em <http://www.trf2.gov.br>.Acesso em 29 jan. 2006.

[196] Idem, ibidem.

que venham a conferir uma maior efetividade à imunidade em questão, e não para esvaziar seu conteúdo normativo. A absoluta gratuidade das atividades das entidades filantrópicas não é, e nem poderia ser, requisito essencial à fruição do benefício em tela, a uma porque não está contido na Constituição, e a duas porque a lei complementar (art. 14, do Código Tributário Nacional) a ele não alude.[197]

Dessa forma, entenderam os julgadores, após ponderação de princípios constitucionais, pela inconstitucionalidade de leis que venham a diminuir a eficácia de norma constitucional, esvaziando seu conteúdo normativo.

2.2. O Tribunal de Justiça do Estado do Rio Grande do Sul

Em decisão do órgão especial do Tribunal de Justiça do Rio Grande do Sul, na ADIN nº 70005054010, proposta pelo Procurador Geral de Justiça do Estado do Rio Grande do Sul, foi declarada a inconstitucionalidade de Emenda à Constituição do Estado do Rio Grande do Sul que permitia a prática das "queimadas" em propriedades particulares, como informa a ementa:

ADIN. Direito ao meio ambiente ecologicamente equilibrado. Emenda Constitucional nº 32/2002 da Assembléia Legislativa, à Constituição Estadual, que acrescentou ressalva, mediante condições, à incumbência do Estado em combater as queimadas e responsabilizar o usuário da terra por suas conseqüências. As emendas constitucionais estão sujeitas ao controle jurisdicional de constitucionalidade.(...) Inconstitucionalidade material. Norma básica expressa tanto no art. 251 da Carta Estadual, quando no art. 225 "caput" da Carta Federal. Direito fundamental ao meio ambiente ecologicamente equilibrado, com imposição ao Poder Público de preservação, restauração e fiscalização. Precedente do Tribunal que julgou inválida a lei estadual 11498/00, que alterava o Código Florestal do Estado (lei 9119/92) e acrescentava a possibilidade do uso de fogo, além dos casos de eliminação de pragas em campos nativos, mediante permissão do poder público estadual ou municipal. A queima de campos nativos, por degradar o ambiente, e enfraquecer o direito ao meio ambiente equilibrado, contravém não só o art. 251, "caput", senão que com o art. 13, V da Carta Estadual. Competência concorrente. Mesmo sob a ótica da legislação federal, descabe ao Estado emitir licenças ambientais aos municípios, para práticas cuja repercussão negativa, face ao monóxido de carbono e prejuízos ao ecossistema, ultrapassa o impacto ambiental local, havendo clara colidência com o Decr. Federal 1661/98, que trata da queima controlada, prevendo o SISNAMA, como órgão licenciador e não o município. Moderna legislação estadual, consubstanciada no Código Estadual do Meio Ambiente, (Lei nº 11520/2000), sumulando como dever do Estado

---

[197] BRASIL. Tribunal Regional Federal da 2ª Região. Acórdão disponível em <http://www.trf2.gov.br>.Acesso em 29 jan. 2006.

a difusão de tecnologias apropriadas à recuperação e conservação do solo. Se, eventualmente, o uso de fogo e queimada facilita o cultivo da terra, prejudica e degrada o meio ambiente, causando a poluição do ar e erosão do solo, assoreamento do curso das águas, perda da biodiversidade, emissão de gás carbônico, refletindo-se negativamente na flora e na fauna, e impedindo a regeneração da floresta. ADIN julgada procedente, para declarar a inconstitucionalidade da Emenda Constitucional nº 32/2002, por afronta aos artigos 1º, 8º, 10 e, 13, V e 251, "caput" da Carta Sul-Rio-Grandense.[198]

A alegação, constante na inicial, sustenta que a referida emenda padece de inconstitucionalidade frente ao art. 251, *caput* da Constituição Estadual, a par de violar direitos fundamentais e os princípios da precaução, prevenção e proibição de retrocesso social.

Em sua fundamentação, o Des. Vasco Della Giustina aduz que: "Firmada a fundamentalidade do direito do meio ambiente equilibrado e sadio, deve-se destacar que tal *status* veda qualquer possibilidade de emenda constitucional que permita situações de enfraquecimento ou esvaziamento de tal preceito, tanto quanto aquilo que parte da doutrina chama de 'retrocesso social'".[199]

Em suma, os julgadores aduziram que a queima de campos nativos apresenta funestas repercussões, comprometendo o equilíbrio do meio ambiente, considerado como Direito Fundamental. Nesse sentido, com base nos princípios inerentes ao Estado Democrático de Direito, incluindo a proteção a medidas de cunho retrocessivo, a Ação Direta de Inconstitucionalidade foi julgada procedente, para declarar a inconstitucionalidade da Emenda Constitucional nº 32/2002, por afronta aos artigos 1º, 8º, 10 e, 13, V e 251, *caput* da Carta Sul-Rio-Grandense.

No Agravo em Execução nº 70008951568, que tramitou no Tribunal de Justiça do Estado do Rio Grande do Sul, o Princípio da Proibição do Retrocesso Social foi utilizado, na fundamentação do acórdão, para estender o benefício da comutação aos apenados em gozo de livramento condicional.

INDULTO. APENADO EM LIVRAMENTO CONDICIONAL. Decreto nº 4.904/03. Proibição de retrocesso.

---

[198] BRASIL. Tribunal de Justiça do Estado do Rio Grande do Sul. ADIN nº 70005054010. Acórdão disponível em <http://www.tj.rs.gov.br>. Acesso em 29 jan. 2006.

[199] Idem, ibidem.

A legislação concessiva de benefícios aos apenados não pode retroceder *in malam partem*, outorgando tratamento prejudicial aos apenados ainda não indultados, em face dos benefícios anteriores.

Decretos anteriores concessivos de indulto aos apenados em livramento condicional. Inadmissível a interpretação restritiva de normas permissivas e despenalizadoras.[200]

A questão do referido acórdão tratava-se de responder se, não obstante o Decreto 4.904/03 ser silente, o apenado em gozo de liberdade condicional faria jus ao benefício da comutação. Refere o referido diploma que:

1º É concedido indulto condicional ao:

I – condenado à pena privativa de liberdade não superior a seis anos que, até 25 de dezembro de 2003, tenha cumprido um terço da pena, se não reincidente, ou metade, se reincidente.

Em seu voto, o Des. Nereu José Giacomolli analisa a questão a partir dos últimos decretos presidenciais de indulto, concluindo por uma interpretação extensiva do referido diploma legal:

É certo que o legislador, no Decreto nº 3.226, de 29 de outubro de 1999, em seu artigo 1º, VIII, concedeu indulto ao condenado à pena privativa de liberdade não superior a oito anos, beneficiado com livramento condicional até 31 de dezembro de 1998.

Também, o Decreto nº 3.667, de 21 de novembro de 2000, em seu artigo 1º, VI, concedeu indulto ao condenado à pena privativa de liberdade não superior a oito anos, beneficiado com livramento condicional até 31 de dezembro de 1999, e não tenha ocorrido sua revogação.

Na mesma linha, o Decreto nº 4.011, de 13 de novembro de 2001, em seu artigo 1º, VI concedeu indulto ao condenado à pena privativa de liberdade não superior a oito anos, beneficiado com livramento condicional até 31 de dezembro de 2000, e não tenha ocorrido sua revogação.

Ainda o Decreto nº 4.495, de 4 de dezembro de 2002, em seu artigo 1º, VII concedeu indulto ao condenado à pena privativa de liberdade não superior a oito anos, beneficiado com livramento condicional até 31 de dezembro de 2001, desde que tenha cumprido metade do período de prova e que não tenha ocorrido sua revogação.

Já o Decreto nº 4.904, de 1º de dezembro de 2003, em seu artigo 1º, I, concedeu indulto ao condenado à pena privativa de liberdade não superior a seis anos que, até 25 de dezembro de 2003, tenha cumprido um terço da pena, se não reincidente, ou metade, se reincidente.[201]

---

[200] BRASIL. Tribunal de Justiça do Estado do Rio Grande do Sul. Acórdão nº 70008951568. Disponível em <http://www.tj.rs.gov.br>. Acesso em 29 jan. 2006.

[201] Idem, ibidem.

Como fundamentação, o julgador utiliza-se do Princípio da Proibição do Retrocesso Social, aduzindo que:

Temos que a proibição de retrocesso social é uma criação doutrinária, que não se afasta do suporte constitucional, visto que está calcada, e relacionada, ao estudo dos princípios constitucionais que dizem respeito para com a manutenção dos níveis de evolução obtidos pela sociedade no seio do Estado Social. Destarte, este princípio preconiza que não se pode admitir a redução das conquistas sociais, mesmo que efetuadas no âmbito infraconstitucional, visto que estas conquistas expressam uma densificação do Princípio do Estado Social. Nos dizeres de CANOTILHO "(...) os direitos sociais e econômicos (...) uma vez obtido um determinado grau de realização, passam a constituir simultaneamente, uma garantia institucional e um direito subjectivo (...)" passando a serem vistos como um limite à "(...) reversibilidade dos direitos adquiridos (...) em clara violação do princípio da confiança e da segurança dos cidadãos no âmbito econômico, social e cultural, e do núcleo essencial da existência mínima inerente ao respeito pela dignidade da pessoa humana".[202]

Ou seja, estes direitos conquistados passam a assumir o caráter de direitos de defesa do cidadão perante o Estado, não podendo os mesmos estarem sujeitos ao arbítrio estatal, restando aqui uma das justificativas da sua defesa por meio da proibição de retrocesso.

Nesse sentido, o Princípio da Proibição do Retrocesso é compreendido como um princípio implícito, "inferido a partir da análise conjunta do princípio do Estado Democrático e Social de Direito; do princípio da Dignidade da Pessoa Humana; do princípio da Máxima Eficácia das Normas Definidoras de Direitos Fundamentais; e, do princípio da proteção da confiança".[203]

Dessa forma, a fundamentação desenvolvida transcende a questão da violação ou não do instituto do "Direito Adquirido", para considerar a inconstitucionalidade de medidas retrocessivas que venham a tolher o núcleo essencial dos Direitos Fundamentais. É nesse sentido, que o julgador conclui que:

(...) verifica-se que no caso, um direito social que foi reconhecido não pode retroceder, o legislador *não pode retornar sobre os seus passos*. Assim, o princípio da proibição de retrocesso passa a ter, também uma função de barreira/limite à atividade do legislador, sobretudo infraconstitucional Com isto tem-se que a adoção do princípio da proibição de retrocesso social visa impedir que os direitos sociais implementados sejam frustrados, tanto na ordem constitucional quanto no âmbito

---

[202] BRASIL. Tribunal de Justiça do Estado do Rio Grande do Sul. Acórdão nº 70008951568. Disponível em <http://www.tj.rs.gov.br>. Acesso em 29 jan. 2006.
[203] Idem, ibidem.

infraconstitucional. Tal objetivo está em consonância com os objetivos traçados pela República Federativa do Brasil – promoção do bem de todos, sem quaisquer formas de discriminação, constituindo uma sociedade livre justa, solidária, erradicando a pobreza e a marginalização, reduzindo as desigualdades sociais – o que se dará por meio da implementação dos Estado Social de Direito.[204]

Na Apelação Cível nº 598193845, a controvérsia girava em torno da constitucionalidade do Decreto-Lei 3.200/41, que em seu art. 24 determina que:

> Art. 24. As taxas de matrícula, de exame e quaisquer outras relativas ao ensino, nos estabelecimentos de educação secundária, normal e profissional, oficiais ou fiscalizados, e bem assim quaisquer impostos federais que recaiam em atos da vida escolar discente, nesses estabelecimentos, serão cobrados com as seguintes reduções, para as famílias com mais de um filho: para o segundo filho, redução de vinte por cento; para o terceiro, de quarenta por cento; para o quarto o seguintes, de sessenta por cento.

A argumentação da apelante é no sentido de que tal benefício não alcança o ensino superior (de terceiro grau), posto que:

> Aplicável ao ensino secundário, normal e profissional, em nível de segundo grau. Ademais, a vigência da aplicabilidade do artigo 24 do referido Decreto-Lei já foi objeto de análise e apreciação de diversos Tribunais do país, inclusive do Tribunal de Justiça gaúcho. Aduz que como o acessório segue o destino do principal, uma vez extintas as taxas de matrículas e de exame nos cursos secundário, normal e profissional, restaram extintos os respectivos percentuais de redução. Ressalta que o artigo 24 do Decreto-Lei 3.200/41 é incompatível com os princípios consagrados pela Constituição Federal vigente.[205]

Os julgadores, todavia, decidiram pela constitucionalidade do referido diploma legal, notadamente em virtude da compatibilidade do dispositivo com os ditames constitucionais e em obediência ao Princípio da Proibição do Retrocesso Social, como se percebe da ementa:

> CIVIL E CONSTITUCIONAL. ENSINO PARTICULAR. DESCONTO DA MENSALIDADE. SEGUNDO FILHO. APLICAÇÃO AO ENSINO UNIVERSITÁRIO.
> 1. O art. 24 do DL 3.200/41 foi concebido para beneficiar famílias de prole numerosa, garantindo o acesso de todos ao ensino. Repasse do custo às mensalidades (art. 205 da CF). Aplicação do texto ao ensino universitário (arts. 208, V, e 209, I, da CF).

---

[204] BRASIL. Tribunal de Justiça do Estado do Rio Grande do Sul. Acórdão nº 598193845. Disponível em <http://www.tj.rs.gov.br>. Acesso em 29 jan. 2006.

[205] Idem, ibidem.

> 2. O dispositivo em questão nada mais é do que uma conquista social da época e que não foi revogado ou derrogado pela legislação ou Constituições supervenientes, pois nenhuma destas normas mostra-se incompatível ou regula inteiramente a matéria que tratava a lei anterior (art. 2º da LICC). Manteve-se íntegro no tempo, obediente ao princípio da proibição de retrocesso social defendido por J. J. Canotilho. (A.C. nº 598193845).[206]

Em seu voto, o desembargador Marco Aurélio dos Santos Caminha, considerou que "não existe dispositivo constitucional que seja contrário ou incompatível com a referida lei. O legislador ao criar o benefício objetivou auxiliar as famílias de grande prole, tornando menos oneroso o valor das mensalidades para os pais, em um primeiro momento, no ensino secundário".

O julgador faz referência a outro julgamento, na Apelação Cível 598193845 cujo relator, Des. Carlos Alberto Bencke, então integrante da Câmara, realizou exame sobre a plena vigência do dispositivo e bem assim sua aplicação no tocante ao ensino superior:

Em primeiro lugar, o julgador analisa o sistema educacional, como responsabilidade do Estado e a tendência contemporânea – baseada na onda neoliberal – de o Estado transferir suas responsabilidades aos particulares. Como afirma,

> exemplo disso é o art. 209 da Constituição Federal de 1988, quando destina liberdade à iniciativa privada para ministrar o ensino à população. Mas, mesmo dentro dessa nova (porque só agora conhecida e experimentada pelos brasileiros) política, submete as entidades de ensino particular ao atendimento das condições ditadas nos incisos do mesmo dispositivo. E, a par disso, também deve respeito ao princípio estabelecido no art. 205, que encima e destaca-se dos demais que pertinem à educação. Neste está o início de toda a política educacional como direito de todos e dever do Estado e da família. E que será promovida e incentivada com a colaboração da sociedade. Significa dizer que mesmo a iniciativa privada (incluída no vocábulo sociedade) insere-se como um dos colaboradores para o alcance do fim primeiro – educação como direito de todos.[207]

A partir dessa Hermenêutica inclusiva, o julgador compreende o art. 24 do Decreto-Lei 3.200/41 como uma espécie de proteção às famílias de prole numerosa, segundo o princípio de que cabe ao Estado promover o acesso de todos à educação. Nesse sentido, entende que, além de tal diploma ser uma conquista social da época, os dita-

---

[206] BRASIL. Tribunal de Justiça do Estado do Rio Grande do Sul. Acórdão nº 598193845. Disponível em <http://www.tj.rs.gov.br>. Acesso em 29 jan. 2006.

[207] Idem, ibidem.

mes do referido decreto são plenamente compatíveis com a Constituição Federal de 1988, e que o deferimento do pedido do apelante importaria em retrocesso social. Nas suas palavras:

> O dispositivo em questão nada mais é do que uma conquista social da época e que não foi revogado ou derrogado pela legislação (Decretos-Leis 4.244/42, 6.141/43 e 8.530/46 e Lei 8.170/91 e 9.394/96) ou Constituições supervenientes (v. g., CF/67, arts. 168 e 176, § 2º, IV, e CF/88, art. 208, I e II, 226, § 7º) pois nenhuma destas normas mostra-se incompatível ou regula inteiramente a matéria que tratava a lei anterior (art. 2º da Lei de Introdução ao Código Civil). Manteve-se íntegro no tempo, obediente ao princípio da proibição de retrocesso social defendido magistralmente por J. J. Canotilho (*Direito Constitucional*, Almedina, 5ª ed., p. 474/475).[208]

Concluindo, o acórdão busca uma atribuição de sentido constitucionalmente adequada ao Princípio da Proibição do Retrocesso Social, entendendo o benefício em questão como uma conquista social e como a consecução de um objetivo intrínseco do Estado de Direito, que é proporcionar o acesso à educação.

2.3. Tribunal Regional do Trabalho da 4ª Região

No Agravo de Petição nº 00646-1999-751-04-00-9 (AP), publicado em 30/08/2005, o agravante inconforma-se com a decisão que determinou o processamento da execução por meio de requisição de pequeno valor, que busca a expedição de precatório, sustentando que a lei definidora da obrigação de pequeno valor a que se refere o § 3º do art. 100 e 87 do ADCT da Constituição Federal é a Lei Municipal 3.732/03.

> REQUISIÇÃO DE PEQUENO VALOR. VALOR DEFINIDO EM LEI MUNICIPAL. A fixação mediante a Lei Municipal 3.732/03, do município de Santa Rosa, do valor de R$ 1.700,00 (mil e setecentos reais) para as obrigações alimentares de pequeno valor não prevalece ante o disposto no art. 87, II, do ADCT, por violar o princípio da proibição do retrocesso social em tema de prestações materiais sociais a cargo do poder público. O exame sistemático das normas constitucionais referentes ao precatório, incluídas as relativas às obrigações de pequeno valor a ele não submetidas, mostra que, no tocante aos créditos de natureza alimentar, as normas infraconstitu-

---

[208] BRASIL. Tribunal de Justiça do Estado do Rio Grande do Sul. Acórdão nº 598193845. Disponível em <http://www.tj.rs.gov.br>. Acesso em 29 jan. 2006.

cionais que fixam valores inferiores ao estabelecido no art. 87 do ADCT não mantêm conformidade com a Constituição e com os direitos fundamentais sociais.[209]

Os julgadores consideram que o conteúdo das normas está relacionado à "consolidação de ordem social justa, que concretiza o princípio do Estado social, sobretudo enquanto estabelecem a garantia do recebimento imediato de valores destinados a prover a existência condigna dos indivíduos. Nisso essas normas também se harmonizam com o princípio da dignidade humana, que é o núcleo central dos direitos fundamentais".[210]

Aduzem os julgadores que:

(...) a garantia da fruição imediata de direitos fundamentais sociais trabalhistas, expressa pelo constituinte derivado em valores excluídos de precatório judicial, obriga estados e municípios a respeitarem esse patamar de proteção social. É certo que a Constituição assegura no § 5º do art. 100 que a lei pode estabelecer valores distintos, segundo a capacidade dos entes públicos, para atender o previsto no seu § 3º (regulado transitoriamente pelo art. 87 do ADCT). Entretanto, em vista de todas as considerações anteriormente feitas, a abertura conferida pela norma em apreço, com o estabelecimento de conceito jurídico indeterminado, não autoriza o esvaziamento, por meio de lei, do conteúdo das prestações materiais sociais relativas a créditos de natureza alimentar fixado pelo constituinte derivado, conteúdo esse expresso no valor mínimo estabelecido no art. 87 do ADCT.[211]

Em suma, a decisão considera inconstitucional a Lei Municipal que fixa, para o pagamento de requisições de pequeno valor, valores inferiores a 30 Salários Mínimos (determinado no art. 87 do ADCT), em virtude de que ocorreria lesão ao Princípio da Proibição do Retrocesso Social, na medida em que haveria tratamento diferenciado entre indivíduos que já se beneficiaram da referida regra. Nesse sentido, concluem os julgadores que:

a interpretação conforme a Constituição e aos direitos fundamentais importa que a adoção de valores inferiores a 30 (trinta) salários mínimos para créditos de natureza alimentícia afrontaria o princípio do Estado social, especialmente no que diz respeito à proibição do retrocesso em matéria de efetivação dos direitos fundamentais sociais. Portanto, a fixação prevista na Lei Municipal 3.732/03 para o valor das obrigações de pequeno valor em R$ 1.700,00 (mil e setecentos reais) não prevalece.[212]

---

[209] BRASIL. Tribunal Regional do Trabalho da 4ª Região. Acórdão n° 00646-1999-751-04-00-9. Disponível em <http://www.trt4.gov.br>. Acesso em 29 jan. 2006.

[210] Idem, ibidem.

[211] Idem, ibidem.

[212] Idem, ibidem.

2.4. Algumas considerações

Em primeiro lugar, salienta-se o prestígio que o Princípio da Proibição do Retrocesso Social vem recebendo gradativamente nos tribunais brasileiros, utilizado, como visto, para decidir pela inconstitucionalidade de atos normativos que atentem contra direitos sociais implementados, caracterizando-os como verdadeira reserva em face de medidas de cunho retrocessivo.

Um aspecto relevante a ser salientado é a notória influência das decisões do Tribunal Constitucional Português, que ganham aspecto paradigmático nos acórdãos supra citados, que enfatizam a proteção substancial aos Direitos Fundamentais.

Nesse ínterim, a atribuição de sentido ao Princípio da Proibição do Retrocesso Social, nos julgamentos referidos, aponta para a consideração do mesmo como corolário do Estado Democrático de Direito, sempre ponderado com os Princípios da Segurança Jurídica e da Proteção da Confiança.

Os julgamentos citados não se esgotam na análise das categorias conceituais do "Direito adquirido", mas buscam verificar se os referidos atos normativos são dotados de cunho retrocessivo e se conflitam com a Segurança Jurídica, considerada no paradigma do Estado Democrático de Direito. Dessa forma, evidenciam-se como um abandono do ponto de vista metafísico em detrimento da busca efetiva pela proteção aos Direitos Fundamentais Sociais.

Todavia, um ponto extremamente relevante, é que ao lado do reconhecimento do Princípio da Proibição do Retrocesso nos tribunais pátrios, não se deixa de enfatizar a liberdade de conformação legislativa, igualmente considerada como imanente à idéia de Estado de Direito. Nesse sentido, o Princípio da Proibição do Retrocesso não é considerado princípio absoluto, mas garantidor de um núcleo essencial dos Direitos Fundamentais, sempre considerando a liberdade do legislador em determinar a forma de consecução das políticas públicas.

Por fim, é deveras importante salientar que o Princípio da Proibição do Retrocesso é invocado em julgamentos relacionados a diversas matérias (cível, penal, trabalhista, tributária), demonstrando a imensa amplitude do referido princípio e a importância de que se reveste a adequada atribuição de sentido ao referido princípio.

3. O discurso decisório do STF

3.1. O Julgamento da ADIn 3.103-8

3.1.1. A questão envolvida

Em recente julgamento, o Supremo Tribunal Federal decidiu pela constitucionalidade da contribuição de inativos e pensionistas instituída no artigo 4º da Emenda Constitucional (EC) 41/03.

A Ação Direta de Inconstitucionalidade 3.103-8, proposta pela Associação Nacional dos Membros do Ministério Público – CONAMP –, buscava a declaração de inconstitucionalidade da referida emenda, que sujeitava à incidência de contribuição previdenciária o rendimento de aposentados e pensionistas. O argumento desenvolvido pela CONAMP foi no sentido de caracterizar a contribuição de inativos como uma ofensa ao Direito Adquirido dos mesmos, como se depreende dos seguintes trechos da petição inicial:

> Importante dizer que os servidores públicos aposentados e os que preenchiam as exigências de aposentação antes da vigência da nova norma constitucional estavam submetidos, quando das suas aposentadorias ou do momento em que poderiam se aposentar, a regime previdenciário que não tinha caráter contributivo ou solidário (antes da Emenda Constitucional 20, de 15 de dezembro de 1998), apenas tinha caráter contributivo (depois dessa mesma Emenda Constitucional 20, de 1998). Decorre daí que aqueles servidores públicos, depois de se aposentar, tinham garantidos, em virtude do próprio sistema previdenciário estabelecido na Constituição, o direito de não pagarem mais contribuição previdenciária (...) Preceitua o art. 5º, inciso XXXVI, da Constituição que "a lei não prejudicará o direito adquirido, o ato jurídico perfeito e a coisa julgada". Logicamente o vocábulo lei escrito nesse inciso constitucional (...) Ao desrespeitar direito subjetivo incorporado ao patrimônio jurídico dos servidores públicos aposentados e dos que poderiam se aposentar até 19 de dezembro de 2003, o art. 4º da Emenda Constitucional nº 41, de 2003, desrespeitou

a garantia individual do direito adquirido, estabelecida no inciso XXXVI do art. 5º da Constituição, conseqüentemente, afrontou a cláusula pétrea inscrita no inciso IV do parágrafo 4º do art. 60 da Constituição. Evidente, pois, a inconstitucionalidade do dispositivo aqui impugnado.[213]

Nesse sentido, o argumento discutido – e que foi rechaçado pelo Supremo Tribunal Federal – é o de ofensa a direito adquirido no ato da aposentadoria. Como na ementa que se transcreve

1. Inconstitucionalidade. Seguridade social. Servidor público. Vencimentos. Proventos de aposentadoria e pensões. Sujeição à incidência de contribuição previdenciária. Ofensa a direito adquirido no ato da aposentadoria. Não ocorrência. Contribuição social. Exigência patrimonial de natureza tributária. Inexistência de norma de imunidade tributária absoluta. Emenda Constitucional nº 41/2003 (art. 4º caput). Regra não retroativa. Incidência sobre fatos geradores ocorridos depois do início de sua vigência. Precedentes da Corte. Inteligência dos arts. 5º, XXXVI, 146, III, 149, 150, I e III e 194, 195, *caput*, II e § 6º da CF e art, 4º, *caput*, da EC 41/2003. No orde-. namento jurídico vigente, não há norma, expressa nem sistemática, que atribua à condição jurídico-subjetiva da aposentadoria de servidor público o efeito de lhe gerar direito subjetivo como poder de subtrair *ad aeternum* a percepção dos respectivos proventos e pensões à incidência de lei tributária que, anterior ou ulterior, os submeta à incidência de contribuição previdencial. Noutras palavras, não há, em nosso ordenamento, nenhuma norma jurídica válida que, como efeito específico do fato jurídico da aposentadoria, lhe imunize os proventos e as pensões, de modo absoluto, à tributação de ordem constitucional, qualquer que seja a modalidade do tributo eleito, donde não haver a respeito, direito adquirido como aposentamento.[214]

A decisão pela constitucionalidade do art. 4º da EC 41/03, que contou com o voto favorável de sete dos onze Ministros do STF, teve como fundamento o voto do Ministro Cézar Peluso, que referiu que "o regime previdenciário público tem por escopo garantir condições de subsistência, independência e dignidade pessoais ao servidor idoso, mediante o pagamento de proventos de aposentadoria durante a velhice, e, conforme o artigo 195 da Constituição, deve ser custeado por toda da sociedade, de forma direta e indireta, o que bem poderia chamar-se de princípio estrutural da solidariedade".[215]

O Ministro Cézar Peluso, prolator do voto vencedor, fundamentou o seu entendimento aduzindo que as contribuições são tributos e obedecem a regime jurídico próprio e que a seguridade social é cus-

---

[213] BRASIL. Supremo Tribunal Federal. ADIN 3.103-8. Disponível em <http://www.stf.gov.br>. Acesso em 20 dez. 2005.

[214] Idem, ibidem.

[215] Idem, ibidem.

teada por toda a sociedade, de forma direta e indireta. Entende o Ministro que, em face de sua natureza tributária, não existe como lhes opor a garantia constitucional do Direito Adquirido, eis que "no rol dos direitos subjetivos inerentes à situação de servidor inativo, não consta a imunidade tributária absoluta dos proventos correlatos".[216]

3.1.2. A posição minoritária do STF: os argumentos em favor da proibição do retrocesso

Da leitura dos votos vencedores, percebe-se um argumento recorrente: a necessidade de aumento da arrecadação em razão da crise financeira pela qual passa o Instituto Nacional de Seguridade Social. É nesse sentido que a posição majoritária do STF, fundamentada no voto do Ministro Cézar Peluso, calca-se em considerar a contribuição dos servidores inativos como sendo um tributo e, assim sendo, sua instituição está adstrita à observância do princípio da legalidade e da anterioridade, pelo qual a contribuição atinge fatos geradores ocorridos na sua vigência.

O Ministro Celso de Mello, que votou pela inconstitucionalidade da referida Emenda Constitucional, rechaça o argumento principal (motivador, inclusive da Emenda Constitucional) aduzindo que as razões de Estado (no caso, a crise financeira) geralmente são sustentadas com o intuito de tornar aceitáveis normas que acabam – em definitivo – por desrespeitar o ordenamento constitucional:

> Também não ignoro que se impõe, a todos – cidadãos e governantes – o dever de buscar, em atenção ao princípio da solidariedade social e em face da necessidade de realização do bem comum, a superação dos obstáculos que impedem a construção de uma sociedade efetivamente justa. A realização dessa imensa tarefa, contudo, que envolve até possível conflitos intergeneracionais, não pode ser efetiva sem que se respeitem, com estrita fidelidade, os valores e as limitações impostas no texto da Constituição da República. Argumentos de necessidade, por mais respeitáveis que possam ser, não devem prevalecer, jamais, sobre o império da Constituição. Razões de Estado, por sua vez, não podem ser invocadas para legitimar desrespeito e a afronta a princípios e a valores essenciais que informam o nosso sistema de direito constitucional positivo.[217]

---

[216] BRASIL. Supremo Tribunal Federal. ADIN 3.103-8. Disponível em <http://www.stf.gov.br>. Acesso em 20 dez. 2005.

[217] Idem, ibidem.

Importante ressaltar, analogamente, a visão do Ministro Marco Aurélio a respeito do tema, ao referir que, em virtude de argumentos de necessidade financeira, os governantes têm, gradativamente, desrespeitando as diretrizes constitucionais, buscando a elaboração de planos milagrosos:

Os últimos dirigentes sempre chegaram ao Executivo com um plano milagroso. Notou-se, de uma forma constante, o predomínio da visão tecnocrata em detrimento da jurídica, como se, de uma hora para outra, pudessem simplesmente apagar o que se estabeceu, atropelando situações constituídas, direito adquirido, para ter um novo regramento.[218]

Nesse sentido, importante o que enfatiza o Ministro Celso de Mello, ao falar da necessidade de defender a Constituição em face de medidas estatais que, por mais fundamentadas que sejam em necessidades econômicas do Estado, acabam por ferir a estabilidade jurídica e ordenamento constitucional. Nesse sentido, assevera o Ministro que:

Revela-se ínsito à Carta Política, por isso mesmo tendo-se presente esse novo contexto histórico-cultural – um sentido de permanência que se destina a conferir, à Lei Fundamental do Estado, o necessário grau de estabilidade normativa, a fim de conferir em tais situações, concretizem-se, em plenitude, os aspectos que ressaltam a multifuncionalidade que qualifica o documento constitucional: (a) ser ele um instrumento básico de regulação normativa do Poder; (b) evidenciar-se como um elemento decisivo de estruturação orgânica e na definição programática dos fins do Estado e (c) qualificar-se, enquanto meio de solene afirmação dos direitos da pessoa e da coletividade social perante o Poder, como o estatuto jurídico das liberdades públicas. O sentido de permanência da ordem constitucional significa, contudo, que as Constituições sejam documentos vocacionados à perpetuidade. É importante salientar, por isso mesmo, que a rigidez dos preceitos constitucionais não significa a perpetuidade das Constituições, que são documentos jurídicos essencialmente mutáveis em função, até mesmo, de novas exigências políticas, econômicas, culturais ou éticas, ditadas pela própria complexidade e necessidade da vida social.[219]

Dessa forma, sendo a Constituição, um instrumento que visa à estabilidade e à permanência, a atuação estatal deve pautar-se pelos princípios da Segurança Jurídica e Proteção da Confiança, ínsitos na idéia de Estado de Direito. O Ministro Carlos Britto assevera, nesse

---

[218] BRASIL. Supremo Tribunal Federal. ADIN 3.103-8. Disponível em <http://www.stf.gov.br>. Acesso em 20 dez. 2005.

[219] Idem, ibidem.

O Princípio da Proibição do Retrocesso Social

sentido, que as cláusulas pétreas (instrumento que visa a atribuir certa estabilidade ao ordenamento jurídico), caracterizam-se justamente por impedir o retrocesso social e garantir o progresso:

Quanto à questão das cláusulas pétreas – preocupação do Ministro Joaquim Barbosa –, eu lembraria que elas, na Constituição de 1988, não cumprem uma função conservadora, mas sim impeditivas de retrocesso, ou seja, garantem o progresso. O progresso então obtido é preciso ser salvaguardado.[220]

Nesse sentido, um contexto de instabilidade jurídica acaba por comprometer a confiança dos cidadãos no Estado, como assevera o Ministro Marco Aurélio "como se pudesse brincar com o próprio homem, olvidando a dignidade assegurada pela carta da República".[221]

Essa é uma situação que o ordenamento jurídico, considerado em um Estado Democrático de Direito, deve buscar eliminar. Nesse sentido é que se inicia a atribuição de sentido ao Princípio da Proibição do Retrocesso Social, como salienta o Ministro Celso de Mello:

> É por essa razão que se tem proclamado – em face dos postulados da confiança do cidadão no Estado e da segurança jurídica, que a edição de resolução estatal superveniente e gravosa, ainda que impregnada de retroatividade em seu grau mínimo, traduz situação de inconstitucionalidade, eis que, tal como reconhecido na paradigmática decisão proferida pelo Tribunal Constitucional Português (Acórdão 173/2001), em julgamento que guarda pertinência com a espécie ora em exame, não se revela possível ao Estado "(...) violar princípios ou disposições constitucionais autônomas, que é o que sucede quando ela afeta, de forma inadmissível, arbitrária e demasiado onerosa, direitos ou expectativas legitimamente fundadas dos cidadãos".[222]

Com isso, o Princípio da Proibição do Retrocesso passa a ser uma garantia em face de medidas retrocessivas e buscaria, em última análise, a consecução do Princípio da Segurança Jurídica e da Proteção da Confiança e conferir certa estabilidade ao ordenamento constitucional:

> Refiro-me, nesse passo, ao princípio da proibição do retrocesso, que, em tema de direitos fundamentais de caráter social, e uma vez alcançado determinado nível de concretização tais prerrogativas (como estas reconhecidas e asseguradas, antes do advento da EC 41/2003, aos inativos e aos pensionistas) impede que sejam des-

---

[220] BRASIL. Supremo Tribunal Federal. ADIN 3.103-8. Disponível em <http://www.stf.gov.br>. Acesso em 20 dez. 2005.

[221] Idem, ibidem.

[222] Idem, ibidem.

constituídas as conquistas já alcançadas pelo cidadão ou pela formação social em que ele vive (...) Na realidade, a cláusula que proíbe o retrocesso em matéria social traduz, no processo de sua concretização, verdadeira dimensão negativa pertinente aos direitos sociais de natureza prestacional, impedindo, em conseqüência, que os níveis de concretização dessas prerrogativas, ma vez atingidos, venham a ser reduzidos ou suprimidos, exceto nas hipóteses – de todo inocorrentes nas espécie – em que políticas compensatórias venham a ser implementadas pelas instâncias governamentais.[223]

Em síntese, da combinação dos argumentos formulados pelos Ministros Celso de Mello, Marco Aurélio e Carlos Britto evidencia-se que: 1) Rechaçam-se, na análise da referida questão, os argumentos relacionados a razões de Estado, notadamente em virtude de que, com base nessa premissa, os governantes têm editado atos normativos que acabam por violar princípios insculpidos na Constituição Federal; 2) A Constituição é vista como um instrumento que visa à permanência, buscando a estabilidade e, sobretudo, regular o poder e definir programaticamente sua atuação; 3) Conseqüentemente, a Constituição trata-se do instrumento de afirmação das liberdades públicas em face do poder; 4) Nesse sentido, os Princípios ínsitos no ordenamento Constitucional da Segurança Jurídica e da Proteção da Confiança, ponderados juntamente com o Princípio da Proibição do Retrocesso Social passam a ser garantidores de situações jurídicas consolidadas, com vistas a garantir a estabilidade do ordenamento; 5) Dessa forma, o Princípio da Proibição do Retrocesso Social passa a ser uma garantia em face de medidas estatais de cunho retrocessivo, apresentando-se como um "plus garantidor" em relação ao instituto do Direito Adquirido.

3.1.3. O entendimento majoritário do STF a respeito da matéria

O argumento presente na petição inicial é o de que haveria desrespeito ao direito subjetivo incorporado ao patrimônio jurídico dos servidores públicos aposentados e dos que poderiam se aposentar até 19 de dezembro de 2003, o art. 4º da Emenda Constitucional nº 41, de 2003, desrespeitando, portanto a "garantia individual do direito adquirido, estabelecida no inciso XXXVI do art. 5º da Constituição, afrontando a cláusula pétrea inscrita no inciso IV do parágrafo

---

[223] BRASIL. Supremo Tribunal Federal. ADIN 3.103-8. Disponível em <http://www.stf.gov.br>. Acesso em 20 dez. 2005.

4º do art. 60 da Constituição. Evidente, pois, a inconstitucionalidade do dispositivo aqui impugnado".[224]

Nesse sentido, os votos majoritários a respeito da matéria buscam analisar a ocorrência de lesão ao instituto do Direito Adquirido, não havendo maiores considerações sobre os valores que tal instituto visa a garantir, no paradigma do Estado Democrático de Direito.

A grande questão envolvida nesse entendimento é a de fixar, adequadamente, o alcance do instituto. O primeiro ponto, que se percebe dos votos, é a tendência a não considerar o instituto do Direito Adquirido de forma "ortodoxa", procurando relativizar o instituto em face da necessidade de continuidade da ordem constitucional. A idéia que se apresenta é a da modificação gradativa da ordem jurídica para evitar um rompimento constitucional, como afirma o Ministro Gilmar Ferreira Mendes, em sua interpretação a respeito das cláusulas pétreas:

> Não se pode negar, porém, que a aplicação ordotoxa dessas cláusulas, ao invés de assegurar a continuidade do sistema constitucional, pode antecipar a sua ruptura, permitindo que o desenvolvimento constitucional se realize fora de eventual camisa de força do regime de imutabilidade. Aí reside o grande desafio da jurisdição constitucional: não permitir a eliminação do núcleo essencial da Constituição mediante decisão ou gradual processo de erosão, nem ensejar que uma interpretação ortodoxa ou atípica acabe por colocar a ruptura como alternativa à impossibilidade de um desenvolvimento constitucional legítimo.[225]

Com relação à questão posta ao STF, o Ministro Gilmar Mendes cita o julgamento do RE 94.020, de 4 de novembro de 1981, onde a Corte entendeu que "... em matéria de direito adquirido vigora o princípio – que este Tribunal tem assentado inúmeras vezes – de que não há direito adquirido a regime jurídico de um instituto de direito".[226]

Como forma de justificar a inaplicabilidade do instituto do Direito Adquirido no referido caso, argumenta-se que a contribuição previdenciária por parte dos servidores inativos trata-se de um caso de "retroatividade mínima", eis que a mesma não alcança fatos passados, tão somente os fatos geradores ocorridos após a vigência da

---

[224] BRASIL. Supremo Tribunal Federal. ADIN 3.103-8. Disponível em <http://www.stf.gov.br>. Acesso em 20 dez. 2005.

[225] Idem, ibidem.

[226] Idem, ibidem.

Emenda Constitucional. Dessa forma, o Ministro Cezar Peluso aduz que não haveria lesão ao Direito Adquirido dos servidores inativos, eis que, a contribuição incidiria somente nos atos futuros. Além disso, enfatiza que o sistema previdenciário não tem natureza jurídico contratual e que:

> o valor pago pelo servidor a título de contribuição previdenciária nunca foi nem é prestação sinalagmática, mas tributo predestinado ao custeio da atuação do estado na área de previdência social, que é terreno privilegiado de transcendentes interesses públicos ou coletivos.[227]

Conclui o Ministro Gilmar Mendes que "o princípio constitucional do direito adquirido não se mostra apto a proteger as posições jurídicas contra mudanças dos institutos jurídicos ou dos próprios estatutos jurídicos previamente fixados".[228]

Por fim, o entendimento que se sagrou vencedor no Supremo Tribunal Federal é o apresentado pelo ministro Cezar Peluso, pelo qual a contribuição previdenciária dos servidores inativos tem caráter tributário e de que, uma vez que o regime jurídico dos mesmos não se encontra amparado pelo instituto do "Direito Adquirido", não há qualquer inconstitucionalidade na referida contribuição. Nesse sentido, conclui o Ministro Cezar Peluso:

> Em síntese, tampouco deste segundo ângulo depara-se ofensa à garantia constitucional do direito adquirido, pois se cuida de tributo que, na modalidade de contribuição previdenciária, é só exigível em relação a fatos geradores ocorridos após a data da publicação da EC 41/2003, observados os princípios constitucionais da irretroatividade e da anterioridade (art. 150, III, a e art. 195, § 6º). E não custa tornar a advertir: uma coisa é a aposentadoria em si, enquanto fonte e conjunto de direitos subjetivos intangíveis; outra, a tributação sobre valores recebidos a título de proventos da aposentadoria.[229]

3.2. Julgamentos do STF a respeito do instituto do direito adquirido

Em se constatando que o posicionamento do Supremo Tribunal Federal permanece calcado verificação de lesão ao instituto do Direi-

---

[227] BRASIL. Supremo Tribunal Federal. ADIN 3.103-8. Disponível em <http://www.stf.gov.br>. Acesso em 20 dez. 2005.

[228] Idem, ibidem.

[229] Idem, ibidem.

to Adquirido, primeiramente à análise do discurso decisório, faz-se necessário o estudo de alguns julgamentos do Tribunal e de como o instituto é considerado pela visão majoritária.

Inicialmente, o Supremo Tribunal Federal entendeu que o instituto do Direito Adquirido é inoponível em face de nova Constituição, não podendo ser argüido em face de nova ordem constitucional. Dessa forma, conclui-se a invocabilidade da proteção do instituto relativamente a atos normativos, incluindo as Emendas Constitucionais, por tratar-se de manifestação do Poder Constituinte Derivado. Nesse sentido, decidiu o STF que:

> A supremacia jurídica das normas inscritas na Carta Federal não permite, ressalvadas as eventuais exceções proclamadas no próprio texto constitucional, que contra elas seja invocado o direito adquirido.[230]

Relevante salientar que, de acordo com o entendimento majoritário do Tribunal, o instituto protege apenas situações jurídicas consolidadas, não amparando relações jurídicas em curso, às quais estão sujeitas às alterações legislativas:

> Não fere direito adquirido decisão que, no curso de processamento de pedido de licença de construção em projeto de loteamento, estabelece novas regras de ocupação do solo.[231]
> Bem de família: impenhorabilidade legal (L. 8.009/90): aplicação aos processos em curso, desconstituindo penhoras anteriores, sem ofensa de direito adquirido ou ato jurídico perfeito: precedentes.[232]

Além disso, em virtude da própria noção de Estado de Direito e da submissão do poder ao Direito, o Supremo Tribunal Federal sumulou entendimento pela impossibilidade da entidade estatal que editou o ato normativo, invocar a irretroatividade da mesma, como estabelece a Súmula 654 do STF: "A garantia da irretroatividade da lei, prevista no art 5°, XXXVI, da Constituição da República, não é invocável pela entidade estatal que a tenha editado".

Igualmente relevante, o entendimento do STF que informa que a lei pode retroagir, na hipótese de beneficiar o particular:

---

[230] BRASIL. Supremo Tribunal Federal. ADI 248. Disponível em <http://www.stf.gov.br>. Acesso em 20 dez. 2005.

[231] BRASIL. Supremo Tribunal Federal. RE 212.780. Disponível em <http://www.stf.gov.br>. Acesso em 20 dez. 2005.

[232] BRASIL. Supremo Tribunal Federal. RE 224.659. Disponível em <http://www.stf.gov.br>. Acesso em 20 dez. 2005.

O princípio insculpido no inciso XXXVI do art. 5º da Constituição (garantia do direito adquirido) não impede a edição, pelo Estado, de norma retroativa (lei ou decreto) em benefício do particular.[233]

Todavia, o fator complicador relacionado ao instituto do Direito Adquirido, muito mais que a verificação de situações de lesão, está relacionado ao alcance do instituo. Em julgamento recente, já decidiu o STF que o mesmo protege, inclusive, quanto à retroatividade mínima, considerada enquanto provocadora de efeitos futuros:

As normas constitucionais federais é que, por terem aplicação imediata, alcançam os efeitos futuros de fatos passados (retroatividade mínima), e se expressamente o declararem podem alcançar até fatos consumados no passado (retroatividades média e máxima). Não assim, porém, as normas constitucionais estaduais que estão sujeitas à vedação do artigo 5º, XXXVI, da Carta Magna Federal, inclusive a concernente à retroatividade mínima que ocorre com a aplicação imediata delas.[234]

Por outro lado, entendeu o Supremo Tribunal Federal que há Direito Adquirido em caso de situações jurídicas ditas "consolidadas", como nos trechos que se transcrevem:

No tocante ao direito adquirido, pelo respeito ao ato jurídico perfeito, a impedir que, com relação à caderneta de poupança, em que há contrato de adesão, possa ser aplicada a ele, durante o período para a aquisição da correção mensal já iniciado, legislação que altere, para menor, o índice dessa correção, é entendimento já assentado por esta Corte.[235]

Se a lei alcançar os efeitos futuros de contratos celebrados anteriormente a ela, será essa lei retroativa (retroatividade mínima) porque vai interferir na causa, que é um ato ou fato ocorrido no passado. O disposto no artigo 5º, XXXVI, da Constituição Federal se aplica a toda e qualquer lei infraconstitucional, sem qualquer distinção entre lei de direito público e lei de direito privado, ou entre lei de ordem pública e lei dispositiva. Precedente do STF. Ocorrência, no caso, de violação de direito adquirido. A taxa referencial (TR) não é índice de correção monetária, pois, refletindo as variações do custo primário da captação dos depósitos a prazo fixo, não constitui índice que reflita a variação do poder aquisitivo da moeda. Por isso, não há necessidade de se examinar a questão de saber se as normas que alteram índice de correção monetária se aplicam imediatamente, alcançando, pois, as prestações futuras de contratos celebrados no passado, sem violarem o disposto no artigo 5º, XXXVI, da Carta Magna. Também ofendem o ato jurídico perfeito os dispositivos impugnados

---

[233] BRASIL. Supremo Tribunal Federal. RE 184.099. Disponível em <http://www.stf.gov.br>. Acesso em 20 dez. 2005.

[234] BRASIL. Supremo Tribunal Federal. AI 258.337-Agr. Disponível em <http://www.stf.gov.br>. Acesso em 20 dez. 2005.

[235] BRASIL. Supremo Tribunal Federal. AI 210.680-Agr. Disponível em <http://www.stf.gov.br>. Acesso em 20 dez. 2005.

que alteram o critério de reajuste das prestações nos contratos já celebrados pelo sistema do Plano de Equivalência Salarial por Categoria Profissional (PES/CP).[236] Constitucional. Administrativo. Servidor público. Conversão de licença-prêmio não gozada em tempo de serviço. Direito adquirido antes da vigência da emenda constitucional 20/98. Conversão de licença-prêmio em tempo de serviço: direito adquirido na forma da lei vigente ao tempo da reunião dos requisitos necessários para a conversão.[237]

Percebe-se, da análise dos referidos excertos, que o instituto do Direito Adquirido – salvo raras exceções – não é ponderado ao lado dos Princípios da Segurança Jurídica e da proteção da confiança, intimamente ligados ao referido instituto. Ademais, resta evidente que o alcance do instituto revela incongruências nos julgamentos, acarretando num contexto de insegurança.

3.3. O STF e o princípio da segurança jurídica e da proteção da confiança

O Princípio da Segurança Jurídica é reconhecido como imperativo à atuação estatal, sendo reconhecido como o princípio norteador da função administrativa, à qual os princípios da legalidade, impessoalidade, moralidade, publicidade e eficiência visam dar consecução.

A Administração Pública é norteada por princípios conducentes à segurança jurídica – da legalidade, da impessoalidade, da moralidade, da publicidade e da eficiência. A variação de enfoques, seja qual for a justificativa, não se coaduna com os citados princípios, sob pena de grassar a insegurança.[238]

Além disso, já decidiu o Supremo Tribunal Federal pela ligação do Princípio da Irretroatividade com o Princípio da Segurança Jurídica. Aduziram os julgadores que a irretroatividade das leis não é absoluta, porém encontra na "Segurança Jurídica no domínio das relações sociais" um de seus limitadores:

O princípio da irretroatividade "somente" condiciona a atividade jurídica do estado nas hipóteses expressamente previstas pela Constituição, em ordem a inibir a ação

---

[236] BRASIL. Supremo Tribunal Federal. ADI 493. Disponível em <http://www.stf. gov.br>. Acesso em 20 dez. 2005.

[237] BRASIL. Supremo Tribunal Federal. RE 394.661-Agr. Disponível em <http:// www.stf.gov.br>. Acesso em 20 dez. 2005.

[238] BRASIL. Supremo Tribunal Federal. MS 24.872. Disponível em <http://www. stf.gov.br>. Acesso em 20 dez. 2005.

do poder público eventualmente configuradora de restrição gravosa (a) ao *status libertatis* da pessoa (CF, art. 5º, XL), (b) ao *status subjectionais* do contribuinte em matéria tributária (CF, art. 150, III, a) e (c) a segurança jurídica no domínio das relações sociais (CF, art. 5º, XXXVI). Na medida em que a retroprojeção normativa da lei "não" gere e "nem" produza os gravames referidos, nada impede que o Estado edite e prescreva atos normativos com efeito retroativo. As leis, em face do caráter prospectivo de que se revestem, devem, "ordinariamente", dispor para o futuro. O sistema jurídico- constitucional brasileiro, contudo, "não" assentou, como postulado absoluto, incondicional e inderrogável, o princípio da irretroatividade. A questão da retroatividade das leis interpretativas.[239]

Construção doutrinária mais recente, o Princípio da Proteção da Confiança – como decorrência do Princípio da Segurança Jurídica – já encontrou guarida no Supremo Tribunal Federal, como na ementa que se transcreve:

Acórdão do Tribunal de Contas da União. Prestação de Contas da Empresa Brasileira de Infra-estrutura Aeroportuária – INFRAERO. Emprego Público. Regularização de admissões. Contratações realizadas em conformidade com a legislação vigente à época. Admissões realizadas por processo seletivo sem concurso público, validadas por decisão administrativa e acórdão anterior do TCU. Transcurso de mais de dez anos desde a concessão da liminar no mandado de segurança. Obrigatoriedade da observância do princípio da segurança jurídica enquanto subprincípio do Estado de Direito. Necessidade de estabilidade das situações criadas administrativamente. Princípio da confiança como elemento do princípio da segurança jurídica. Presença de um componente de ética jurídica e sua aplicação nas relações jurídicas de direito público. Concurso de circunstâncias específicas e excepcionais que revelam: a boa fé dos impetrantes; a realização de processo seletivo rigoroso; a observância do regulamento da Infraero, vigente à época da realização do processo seletivo; a existência de controvérsia, à época das contratações, quanto à exigência, nos termos do art. 37 da Constituição, de concurso público no âmbito das empresas públicas e sociedades de economia mista. Circunstâncias que, aliadas ao longo período de tempo transcorrido, afastam a alegada nulidade das contratações dos impetrantes.[240]

3.4. Análise do posicionamento majoritário do STF a partir dos pressupostos da hermenêutica filosófica

Da Análise do discurso decisório do Supremo Tribunal Federal, percebe-se, inevitavelmente, a postura metafísica inserida em

---

[239] BRASIL. Supremo Tribunal Federal. ADI 605-MC. Disponível em <http://www. stf.gov.br>. Acesso em 20 dez. 2005.

[240] BRASIL. Supremo Tribunal Federal. MS 22.357. Disponível em <http://www. stf.gov.br>. Acesso em 20 dez. 2005.

seu posicionamento majoritário. Tal tendência é perceptível através da utilização de diversos conceitos do instituto do "Direito Adquirido", considerados como conceitos-primoridiais-fundantes, a partir dos quais, através da subsunção ao caso concreto, seria possível avaliar a lesão ao instituto no caso concreto.

Todavia, essa postura metafísica leva a uma série de problemas:

Em primeiro lugar, o *problema do "esquecimento do ser"*, eis que o sentido resta relegado a segundo plano, na medida em que a preocupação permanece centrada no ente "Direito Adquirido", sendo que a questão principal do intérprete centra-se na busca de um conceito (enunciado no qual se encontra a verdade), a partir do qual seja possível inferir a existência ou não de lesão ao instituto. Nesse sentido, a elaboração do conceito recebe status de fundamentalidade, encerrando-se a questão no referido ente, sem acessibilidade ao ser;

Em segundo lugar, apresenta-se o *problema da "pergunta pela técnica"*: A pergunta metafísica elaborada (em virtude de que o "ser" não é objeto da metafísica) é: "tal atitude do legislador/administrador/particular feriu o 'Direito Adquirido' do autor?" A partir da resposta a essa pergunta (de acordo com o conceito de "Direito Adquirido" adotado) é que vai determinar a ilegalidade da medida;

Em terceiro lugar, o *problema de desconsideração das particularidades*, uma vez que a metafísica, ao primar pela elaboração de conceitos generalizantes, acaba por desconsiderar a singularidade dos acontecimentos, notadamente na ordem jurídica contemporânea. Nesse sentido, os conceitos utilizados são via de regra incompatíveis, na medida em que incapazes de contemplar as singularidades, restando muitas vezes por, em efetivo, comprometer o exercício de direitos, por não estarem contemplados no enunciado conceitual.

Por fim, refere-se o *problema ideológico* encerrado na presente questão, uma vez que o alcance do instituto do Direito Adquirido será definido pelo conceito majoritariamente utilizado, servindo, na prática, para possibilitar uma decisão que importe em efeitos retrocessivos, porém abrigada por uma aparência de legalidade.

Essa postura objetificada desconsidera a noção de consciência histórico-efeitual, a partir da qual percebe-se que a proteção estatal contra medidas de cunho retrocessivo é imanente à idéia de Estado de Direito, como *locus* garantidor de estabilidade das relações sociais. Além disso, analisando-se q questão da Verdade Hermenêutica, percebe-se claramente que a postura adotada pelo Supremo Tribunal Federal importa, em efetivo, no velamento à proteção aos Direitos Fundamentais, possibilitando o retrocesso em matéria de Direitos Fundamentais, sob o manto de legalidade formal.

Notadamente no presente período histórico, em que o Estado passa a ser o *locus* garantidor de estabilidade social, não há como se conceber que o instituto do "Direito Adquirido" seja utilizado – como de fato o é – como um entrave metafísico à consecução dos objetivos do Estado Democrático de Direito. Trata-se de um rompimento necessário, em virtude de que os princípios epocais da modernidade são incondizentes com o constitucionalismo da contemporaneidade, onde a Constituição é vista como instrumento dirigente da ação Estado.

Em suma, a necessária superação do referido modo-de-pensar o Direito é um imperativo para que o Estado realmente possa garantir a estabilidade às relações jurídicas, não fundamentado no modo-de-pensar metafísico, mas através da atribuição de sentido aos Princípios da Segurança Jurídica, Proteção à Confiança e Proibição do Retrocesso Social. É evidente que a proteção aos Direitos Fundamentais, em face de medidas retrocessivas, não se exaure nas categorias conceituais do instituto do "Direito Adquirido".

Considerações finais

Realizar a análise dos últimos séculos do processo civilizatório é percorrer um terreno fértil. Seja pelas vicissitudes da civilização moderna, seja pela dinâmica das relações sociais, ou mesmo pelos infinitos pontos de vista possíveis, a análise da evolução da civilização, do reconhecimento de direitos e da conseqüente luta por sua manutenção, abarca inúmeras possibilidades.

Um dos fatores iniciais a se considerar concerne à peculiar realidade dos países latino-americanos, marcados pela ineficiência estatal em realizar os Direitos Fundamentais e por protagonizarem o lado negro da divisão internacional do trabalho. Como sintetiza Galeano, em sua percuciente análise, "há dois lados na divisão internacional do trabalho: um em que alguns países especializam-se em ganhar, e outro em que se especializam em perder".[241]

A realidade brasileira demonstra claramente essa "especialização em perder". A análise do caminho de reconhecimento de Direitos Fundamentais aponta para a hipocrisia de uma "abolição da escravatura" nunca realizada em efetivo, em que o dominado nunca mudou de posição, somente de denominação. A exclusão social e a marginalização que se refletem na sociedade atual representam um monumento aos séculos de ineficiência estatal em realizar os Direitos Fundamentais através de políticas públicas eficazes.

Nesse sentido, a esforço inicial centrou-se na percepção das peculiaridades do modelo constitucional brasileiro. Para tanto, faz-se necessário o rompimento com uma visão historicista e obje-

---

[241] GALEANO, Eduardo. *As veias abertas da América Latina.* 16ª ed. Rio de Janeiro: Paz e Terra, 1983, p. 13.

tificada, buscando-se subsídios na noção Gadameriana de "diálogo com a tradição", para uma compreensão adequada dos fenômenos sociais, com a contribuição dos pressupostos da Hermenêutica Filosófica.

Sendo assim, a Hermenêutica Filosófica propõe-se a ser um instrumento de ruptura com o modo-de-pensar metafísico, suspendendo a tradição inautêntica, denunciando os pré-juízos calcados no paradigma liberal-individualista vigorantes na dogmática jurídica. A Hermenêutica Filosófica, portanto, não nega os pré-juízos do intérprete com o intuito de torná-lo imparcial. Pelo contrário, entende os pré-juízos como condições de possibilidade da compreensão. Todavia, os pré-juízos devem ser colocados à prova, quanto a sua autenticidade.

Nesse sentido, surge a idéia Gadameriana da consciência histórico-efeitual, da fusão de horizontes e do distanciamento temporal. Ao lado desses pressupostos, a Hermenêutica Filosófica utiliza-se dos postulados da diferença ontológica e do círculo hermenêutico, enfatizando a diferença entre o ser e o ente, ampliando a possibilidade de sentidos e atribuindo caráter produtivo à interpretação, na busca do des-velamento do ser.

Rompendo-se, dessa forma, com o paradigma liberal-individualista e com o modo-de-pensar metafísico, resta evidente que, no paradigma do Estado Democrático de Direito, os Direitos Fundamentais passam a ser exercitados não somente em face do Estado, mas através do Estado, que adquire uma índole intervencionista e transformadora, através de políticas prestacionais. Ao contrário do Estado Liberal, no Estado Democrático de Direito há compromisso com a materialização dos Direitos Fundamentais, e a Constituição, entendida como instrumento dirigente, vinculante e compromissário, ocupa papel central nesse paradigma.

Desse modo, demonstrou-se que o rompimento com o paradigma liberal-individualista é condição de possibilidade para o desvelar do Estado Democrático de Direito e para que a Constituição venha a constituir-a-ação do Estado. Através dessa índole intervencionsita é que o Estado deve buscar transpor o abismo existente entre o texto constitucional e a realidade social, ou seja, cumprir as promessas da modernidade.

O Princípio da Proibição do Retrocesso Social

Nesse contexto, surge a idéia da dupla face do princípio da proporcionalidade e da proibição da proteção deficiente. Dito de outro modo, tal proibição surge da constatação de que o Estado deve intervir, ativamente, em prol da consecução dos Direitos Fundamentais Sociais (garantismo positivo). Em decorrência da proibição da proteção deficiente, surge a idéia de que o Estado deve se abster de atentar contra os Direitos Fundamentais implementados, seja através de atos administrativos ou de legislação que venha a atingir o núcleo fundamental de tais direitos. Dessa forma, considerado em seu viés negativo, o Princípio da Proibição Deficiente importa na vedação ao Estado de atentar contra Direitos Fundamentais Sociais implementados. É essa a idéia que leva à constatação da existência de um Princípio da Proibição do Retrocesso Social.

Dessa forma, o Princípio da Proibição do Retrocesso Social, ponderado com os princípios da Segurança Jurídica e da Proteção da Confiança, procura ser um mecanismo de proteção aos Direitos Fundamentais em face de medidas de cunho retrocessivo. Rompe-se, nesse sentido, com uma visão objetificada do instituto do Direito Adquirido que acaba por manifestar-se como um entrave metafísico à proteção aos Direitos Fundamentais.

A partir dos pressupostos da Hermenêutica Filosófica, considerou-se que a Segurança Jurídica que o Estado Democrático de Direito visa conferir às relações sociais não se exaure nas categorias conceituais do "Direito Adquirido" e que a postura metafísica da Dogmática Jurídica leva, muitas vezes, à utilização do instituto do "Direito Adquirido" a consubstanciar-se em uma "capa de verdade", onde todas as situações que não subsumam ao seu conceito estariam desprotegidas pelo sistema.

Nesse sentido, à noção de Estado de Direito é inerente a idéia de garantir a segurança das relações sociais. Mesmo que não expressamente positivados na Constituição Federal, os Princípios da Segurança Jurídica, da Proteção da Confiança e da Proibição do Retrocesso Social têm por escopo a realização do Princípio da Dignidade da Pessoa Humana, possibilitando ao cidadão as condições mínimas para o exercício da cidadania e de uma vida digna.

A vinculação exercida pelo Princípio da Proibição do Retrocesso Social é inerente a toda a atividade estatal. O Poder Legislativo, em decorrência da idéia de uma Constituição Dirigente, tem consideravelmente diminuída sua liberdade de conformação, que fica adstrito ao texto constitucional. O Poder Executivo, igualmente, em face da postura intervencionista do Estado, do respeito aos Direitos Fundamentais e da observância do Princípio Constitucional da Dignidade da Pessoa Humana, tem sua conduta vinculada ao texto constitucional. E, finalmente ao Poder Judiciário cabe, nessa trilha, exercer um *intervencionismo substancialista*, no sentido de que os Direitos Fundamentais Sociais sejam realizados, procurando diminuir o déficit existente entre a realidade social e as promessas da modernidade não cumpridas, declarando inconstitucionais medidas estatais de cunho retrocessivo.

A análise do Estado da Arte revelou que diversos tribunais pátrios encontraram na atribuição de sentido ao Princípio da Proibição do Retrocesso Social uma forma de proteger direitos dos cidadãos de medidas de cunho retrocessivo. Nos julgamentos apontados demonstra-se evidente uma interpretação que valoriza a proteção aos Direitos Fundamentais, em detrimento da análise do conceito de "Direito Adquirido". Rechaça-se, portanto, uma postura metafísica que resulta em proteção ineficaz.

Por outro lado, da análise do discurso majoritário do Supremo Tribunal Federal percebe-se, claramente, a postura metafísica adotada, eis que, através da utilização de diversos conceitos do instituto do "Direito Adquirido", considerados como conceitos-primoridiais-fundantes, é que se vislumbra a possível lesão aos Direitos Fundamentais. Nesse sentido, a preocupação permanece centrada no ente "Direito Adquirido", sendo que a questão principal do intérprete centra-se na busca de um conceito (enunciado no qual se encontra a verdade), a partir do qual seja possível inferir a existência ou não de lesão ao instituto.

Por tudo isso, entende-se, notadamente, que no presente período histórico, em que o Estado passa a ser o *locus* garantidor de estabilidade social, não há como se conceber que o instituto do "Direito Adquirido" seja utilizado – como de fato o é – como um entrave metafísico à consecução dos objetivos do Estado Democrático de Direito.

Por outro lado, da análise do discurso majoritário do Supremo Tribunal Federal percebe-se a postura metafísica adotada eis que, através da utilização de diversos conceitos do instituto do "Direito Adquirido", considerados como conceitos-primoridiais-fundantes, é que se vislumbra a possível lesão aos Direitos Fundamentais. Nesse sentido, a preocupação permanece centrada no ente "Direito Adquirido", sendo que a questão principal do intérprete centra-se na busca de um conceito (enunciado no qual se encontra a verdade), a partir do qual seja possível inferir a existência ou não de lesão ao instituto.

Referências bibliográficas

ARENDT, Hannah. *Da Revolução*. São Paulo: Ática, 1988, p. 88-89.

ARISTÓTELES. *Categorias*. Lisboa: Guimarães Editores, 1982.

BERCOVICI, Gilberto. *Desigualdades regionais, Estado e Constituição*. São Paulo: Max Limonad, 2003.

——. Teoria do Estado e Teoria da Constituição na periferia do capitalismo: breves indagações críticas. In: Diálogos Brasil-Portugal. Rio de Janeiro: Renovar, 2004.

BOBBIO, Norberto. *A era dos direitos*. Rio de Janeiro: Campus, 1992.

CANOTILHO, José Joaquim Gomes. Constituição Dirigente e Vinculação do Legislador: Contributo para a compreensão das normas constitucionais programáticas. Coimbra: Coimbra Editora, 1994.

——. *Direito Constitucional e Teoria da Constituição*. 7ª ed. Coimbra: Almedina, 2003.

——; MOREIRA, Vital. *Fundamentos da constituição*. Coimbra: Coimbra, 1991.

CARVALHO, José Murilo de. *Cidadania no Brasil: o longo caminho*, 7ª ed. Rio de Janeiro: Civilização Brasileira, 2005.

COMPARATO, Fábio Konder. *A afirmação histórica dos direitos humanos*. São Paulo: Saraiva, 2003.

DUSO, Giuseppe. O poder: *História da Filosofia Política Moderna*. Petrópolis: Vozes, 2005.

ENTERRIA, Eduardo Garcia de. *La lucha contra las inmunidades del Poder en el Derecho Administrativo*. Madrid: Editora Civitas, 1983.

FIORAVANTI, Maurizio. *Los derechos fundamentales*. Madrid: Editorial Trotta, 2000.

GADAMER, Hans-Georg. *O problema da consciência histórica*. Rio de Janeiro: Fundação Getúlio Vargas, 1998.

——. *Verdad y Metodo*. Salamanca: Ediciones Sigueme, 1992, p. 53.

GALEANO, Eduardo. *As veias abertas da América Latina*. 16ª ed. Rio de Janeiro: Paz e Terra, 1983, p. 13.

——. *El libro de los Abrazos*. Ciudad del México: Siglo Veintiuno Editores, 1994.

——. *Las palabras andantes*. Ciudad de México: Siglo Veintiuno Editores, 1993.

GRONDIN, Jean. *Introdução à Hermenêutica Filosófica*. São Leopoldo: Unisinos, 2004.

HEIDEGGER, Martin. *A Constituição onto-teo-lógica da metafísica*. Pfullingen: Gunther Neske, 1957, tradução de Ernildo Stein.

———. *A essência do fundamento*. Lisboa: Edições 70.

———. *Carta sobre o humanismo*. Lisboa: Guimarães Editores, 1985.

———. *Conceptos fundamentales*. Madrid: Alianza Editorial, 1994.

———. *Introdução à metafísica*. Rio de Janeiro: Tempo Brasileiro, 1966.

———. La pregunta por la técnica, in *Conferencias y articulos*. Barcelona: Ediciones del Serbal, 1994.

———. *Que é metafísica*. São Paulo: Livraria Duas Cidades, 1969.

GARCÍA-PELAYO, Manuel. *Las transformaciones del Estado Contemporáneo*. Madrid: Alianza Editorial, 1982.

MATTEUCCI, Nicola. *Organización del poder y libertad*. Madrid: Editorial Trotta, 1998.

OHLWEILER, Leonel Pires. *Direito Administrativo em perspectiva*: os temos indeterminados à luz da hermenêutica. Porto Alegre: Livraria do Adgvogado, 2000.

———. A pergunta pela técnica e os eixos dogmáticos do direito administrativo: algumas repercussões da fenomenologia hermenêutica. In: *Constituição, Sistemas Sociais e Hermenêutica*. Anuário 2004 do PPGD da Unisinos. Porto Alegre: Livraria do Advogado, 2005, p. 113-140.

———. Os Princípios Constitucionais da Administração Pública a partir da Filosofia Hermenêutica. In: *Revista de Direito Administrativo e Constitucional*, Belo Horizonte, v. 18, 2004, p. 107-145.

PIRES, Celestino. Heidegger e o ser como história. *Revista Portuguesa de Filosofia*, Braga,Tomo XIX Julho-Setembro 1963, Fasc. 3.

RUSSEL, Bertrand. *História do Pensamento Ocidental*. Rio de Janeiro: Ediouro: 2004.

SARLET, Ingo Wolfgang. *A Eficácia dos Direitos Fundamentais*. Porto Alegre: Livraria do Advogado, 2003.

———. A eficácia do direito fundamental à segurança jurídica: dignidade da pessoa humana, direitos fundamentais e proibição do retrocesso social no direito constitucional brasileiro. In: *Revista de Direito Social*, 14, 2004.

———. Constituição e proporcionalidade: o direito penal e os direitos fundamentais entre proibição de excesso e de insuficiência. In: *Revista de Estudos Criminais* n. 12, ano 3. Sapucaia do Sul, Editora Nota Dez, 2003.

———. *Dignidade da Pessoa Humana e Direitos Fundamentais na Constituição Federal de 1988*, 2ª ed., Porto Alegre: Livraria do Advogado, 2002.

———. Os Direitos Fundamentais Sociais na Constituição de 1988. *Revista Diálogo Jurídico*, Ano I, Vol, I, n.1, Salvador, 2001.

SILVA, Rui Sampaio da. Gadamer e a herança Heideggeriana. *Revista Portuguesa de Filosofia*, 56, 2000.

SOUZA, Antônio Francisco de. *Fundamentos Históricos de Direito Administrativo*. Lisboa: I Editores, 1995.

STEIN, Ernildo. *Epistemologia e crítica da modernidade*, 3ª ed. Ijuí: Unijuí, 2001.

———. *Introdução ao pensamento de Martin Heidegger*. Porto Alegre: Ithaca, 1966.

———. *Pensar é pensar a diferença: filosofia e conhecimento empírico*. Ijuí: Unijuí, 2002.

STRECK, Lenio Luiz. A Concretização de Direitos e a validade da tese da Constituição Dirigente em Países de Modernidade Tardia. In: *Diálogos Constitucionais Brasil Portugal*. Antônio José Avelãs Nunes e Jacinto Nelson de Oliveira Coutinho (Org.). Rio de Janeiro: Renovar, 2004.

——. A dupla face do princípio da proporcionalidade e o cabimento de Mandado de Segurança em matéria criminal: superando o ideário liberal-individualista-clássico. Disponível em <www.ihj.org.br>, acesso em 05/05/2005.

——. *Hermenêutica Jurídica em Crise*: uma exploração hermenêutica da construção do Direito. Porto Alegre: Livraria do Advogado, 2004.

——. Hermenêutica (Jurídica): compreendemos porque interpretamos ou interpretamos porque compreendemos Uma resposta a partir do *ontological turn*. In: *Anuário do Programa de Pós-Graduação em Direito da Universidade do Vale do Rio dos Sinos*, São Leopoldo: Unisinos, 2003, p. 223.

——. *Jurisdição Constitucional e Hermenêutica: uma nova crítica do direito*. 2ª ed. Rio de Janeiro: Forense, 2004.

VATTIMO, Gianni. *Introdução à Heidegger*. Lisboa: Edições 70, 1977.

WARAT, Luis Alberto. *Territórios desconhecidos: a procura surrealista pelos lugares do abandono do sentido e da reconstrução da subjetividade*. Florianópolis: Fundação Boiteux, 2004.

Impressão:
Evangraf
Rua Waldomiro Schapke, 77 - P. Alegre, RS
Fone: (51) 3336.2466 - Fax: (51) 3336.0422
E-mail: evangraf.adm@terra.com.br